こころと経済

こころと経済

妙木浩之

産業図書

はじめに

世紀末、現在の日本の不況を語るには、「不安」という言葉が一番ふさわしいのではないかと思います。経済の状況で、心配なのは失業率だけです。

実は、貯蓄率や経済的な豊かさは充分です。先の大戦中や戦後の極貧生活、あるいは昭和恐慌時代の苦境を知っている人は、今の不況など物の数には入らないと言うかもしれません。コンビニに行けばたいていのものは売っていますし、どうしても買えない人の方が少ないのです。日本は豊かになりました。けれど、にもかかわらず、先が見えないのです。先行きの不透明感という言葉が、経済現象ではよく使われていますが、もともと未来は不透明で当然です。貧しいなら、未来が透明であれ不透明であれ、「どうにかなる」よう、がむしゃらに頑張るしかありません。それが、これだけ豊かなのに不透明だと、逆に「どうにかなる」という気持ちになれません。

この「不安」に支配されていることが、問題です。しかもこの感覚は、今日、ますます強まって、消費面、生産面、生活保障面、設備投資面、全てに広がっています。ものが安くなっていても、コンピューターや住宅など、日々の生活でどうしても必要だと思うもの以外、手を出す気になれないのです。

そしてこの「不安」を生んだのは、従来日本の「庇護社会」の崩壊です。日本が一九四〇年頃から最近まで、一貫して保ってきた社会経済状況は、「庇護社会」でした。「お上」が企業を、企業が労働者を庇護してきました。福利厚生、年金などの社会保障、あるいは将来設計にいたるまで、日本では、公務員あるいはサラリーマンであれば、庇護され、安心できたのです。信頼が大きな基盤であり、実際、犯罪率、家族の崩壊など、どの面をとっても、日本は、非常に安心できる社会でした。いわば、「甘え」がキーワードになる社会だったのです。

でもどうも、この社会全体の今までの前提、基盤が、疑わしくなりました。社会経済的な枠組みが揺らいでいる感覚、そして将来更に悪くなるのではないかという感覚が、今日の「不安」をもたらしています。現在の日本の社会経済的状況を見回すと、不安がかきたてられるからです。例えば、「お上」は多額の借金を抱えているのに、まだ湯水のようにお金を使おうとしている。

『これは病的ではないか』

はじめに

年金システムや社会保障が将来、現状維持できない。
『野垂れ死にするかもしれない』
苦労しても、土地は持っていれば安心というわけではないらしい。
『持っていれば安心なものなどない』
終身雇用もあてにはならない。
いつリストラされるか分からないし、会社が一生保護してくれる保障もない。
『努力の奉公に見返りなし』
ペイオフで、銀行が潰れないとは限らない。
銀行は、簡単にお金を貸してくれない。
『信用できる管理人はいない』
政権は国民の声を、本気で聞く気などない。
『苦しさは誰も分かってくれない』
と、いうように……。

誰もが、今後の社会は、政府による公共事業への投資や公的資金の運用も、企業が行う先行投資による資金運用も長期の雇用慣行も、個人が行う貯蓄や土地の所有や将来設計も、どれも今までのようにはうまく行かないと、感じているのです。これは、個人とそれを支える社会の間で、信用できないとか、「だめだ」という感覚をもたらす、神経症的な悪循環が起きているということです。実際、「庇護」が失われ、「庇護感覚」が失われています。

政府は、「お上」と金融機関の間の問題である不良債券を処理していけば、社会が上向きになると考えているようですが、それは必要最小限のことにすぎません。それだけで、悪循環を断ち切ることはできません。心的に失われたものがある場合、他に得られるものが見えて来ない限りは、環は切れないのです。今の日本で、失われていくのが「庇護」の感覚で、それが「不安」をもたらしているなら、庇護されない個人主義的な状態で得られるものの心理的なポジションがみえないと、「信用」や「安心」は回復しません。

「こころ」と「経済」は連動しているのです。

言い換えれば、「こころ」抜きに「もの」を語ることも、「もの」抜きに「こころ」を語ることもできなくなっているのです。

本書では、「心理経済学」で、「不安」から「安心」にむけて、生き残りをかけた「こころ」の戦略について、考えてみたいと思います。

既に述べたように、現在のこころと経済の「不安」の背景には、社会経済状況の枠組みの変化があります。そしてその枠組みの変化の背景には、金融を中心とした激変があります。

従って、第一章では、まず現在のグローバルマネーの世界の歴史について触れたいと思います。

家庭でも意見が統一されていたり、これだけは守るという基準があると安定するものです。経済の世界も然り。ある種の基準があると安定するものですが、数十年前に為替レートは変動相場制に変わりました。変項であるお金を基準とし、その差益で成立するカジノ資本主義です。「もの」から切り離され、リスク・マネージメントによって「信用」や「安心」を維持する世界です。

第二章では、情報心理戦について述べます。「もの」と切り離された経済世界は、情報心理戦によって、左右されるからです。そしてこれは、戦争のテクノロジーが醸成してきた「こころの戦争」の一部です。そこで、被害的にならず、自己中心的にもならずに生き残る戦略が求められています。

第三章では、心理経済学の基礎にある「こころ」と「もの」の関係について述べたいと思います。変動する社会のなかで、この二つのバランスを取ることこそが、戦略になります。「こころ」を組織化して、生き残ることに、密接に関連しているからです。

第四章では、経済学が持つ「こころ」のモデルについてお話ししようと思います。ここでは経済学がもっている前提について考え直すことにします。

第五章では、神経症的な悪循環を起こした事例を、心理経済学の立場から、分析します。個人の神経症においても、社会の「不安」においても、おそらくこの悪循環こそ、「こころ」の経済の最重要問題です。

第六章では、人間の意識が持っている一般的な傾向についてお話ししたいと思います。市場が外部だとすると、内部である共同体意識がいかに脆弱なものか、という点を指摘したいと思います。

そして最後に、これからの日本について、「こころ」の経済の視点から論じてみたいと思います。

今、日本が直面している「不安」から抜け出すには、「安心」を得るある種の心理的ポジションが必要だと述べました。それはやり方次第では儲かる、うまく行くという認識です。様々な通商交渉も、プラザ合意も、日本のバブル崩壊不況も、日本の政府の情報戦の敗北という見方もできます。もともと庇護社会であった日本は、個人主義と情報戦が苦手だったのです。でも今や、日本も情報戦略の世界に、門を開かないわけにはいきません。心理戦での生き残りをかけて、経済的な心の戦略こそ、今、求められているものなのです。

こころと経済＊＊目　次

郵便はがき

料金受取人払

麹町局承認

3942

差出有効期限
平成14年2月
28日まで

1028790

（受取人）

東京都千代田区
飯田橋二―一一―三

産業図書株式会社

愛読者係行

本書の書名		ご購入年月日 ・　・
ご購入書店名	市・区・町	書店
ご連絡先	〒	□ ご自宅 □ 勤務先
ご芳名		ご年齢
勤務先 または在学校		部課または学部名

このカードは当社において大切に保存し，今後の新刊のご案内や企画の参考などにさせていただきますので，各項目ご記入の上そのままご投函下さい。

本書ご購入の動機（○印をおつけ下さい）

1．新聞または雑誌の広告をみて
2．当社からの刊行案内
3．図書目録をみて
4．書店でみて
5．書評をみて
6．人にすすめられて
7．著者に関心がもてた
8．テーマに関心があった
9．教科書として
10．その他

ご購読新聞・雑誌名

新　聞　　　　雑　誌

本書についてのご感想やご意見，または刊行ご希望の図書など

ご記入ありがとうございました。

目　次

目　次

第一章　経済と「こころ」

1　切っても切れない関係

第一に本書の主張は、現代においては心に対する戦略が、というよりも「こころ」と「もの」とをほぼ同じ地平で捉えた戦略が必要になったということです。心理経済学という領域は、理論的には人間関係、あるいは人の心のあり方全般が、経済的であると指摘しようとしているものです。「もの」と「こころ」はもともと同じ水準にあるが、経済をぬきにして心を語ることも、心を抜きにして経済を語ることもできなくなった、そう主張しようとしています。その意味で「こころの戦略」

という言い方は「こころの経済」というのと同じように、逆説的です。もともと「戦略」という意味は「もの」の動きのために頭、神経、気、「心」を使うことですから。「こころ」のために心を使うというのでは、サイキック・ウォーみたいなＳＦばりの話になってしまいます。でもイメージは違うのですが、現代の社会経済状況ではそれに近いことが起きている、そう思います。最も典型的なのは金融の世界ですから、お金の心理学については後まわしにして、まずここでは金融の世界、特に為替のことを考えてみましょう。

2 金融とファンダメンタルの関係づけ

金融の世界は最終的にはファンダメンタル、つまり基礎的な経済条件からは自由ではない、そう一般に考えられています。この発想について考えてみましょう。よく言われていることですが、為替相場に対して、雇用情勢、国際収支、経済の成長率、そして物価の動向、つまりインフレの指標などが影響します。一般には日本の場合、失業率が上がれば円安に、下がれば円高に、経常収支が黒字なら円高、黒字（赤字になることはないでしょうが）が減れば円安に、さらに成長率が上がれば円高に、下がれば円安に、物価が上がれば円安に、下がれば円高になる、そう考えられています。そのためグリーンスパンのような政府首脳や官僚、政府の当局者たちがいつもコメントするのはそのファンダメンタルと為替の関連性についてです。ですから政府の発表からファンダメンタルの数値は非常に重要だ、という印象を与えているのです。

でもここには少しだけ単純化が行われています。まず現象面だけから見てもそれほど単純なものではありません。例えば従来の考え方だと金利は物価に対して操作されますから、一九九九年の段階でアメリカの長期金利が五・七％、日本が最終的にはほぼ〇％に近いですね。内外金利差を考えれば、円が売られて、ドルが買われるはずです。ところが相場は円高、ドル安です。これはどうも矛盾しています。どうしてこういうことが起きるのでしょうか？

さらにもう一つ単純化というか、「もの」の数値にごまかされているところがあります。つまり為替の相場を左右しているのは、確かに消費者物価指数や雇用状況の数値ですが、でもそれが発表されたからと言って、そこで語られているのは結果としての数値で、状況全体ではない、でもそれに対応して為替が高くなったり、安くなったりするのです。ですから情報に対して、上がり下がりする、あるいはすでに折り込み済みで動かない、これはいったいどういうことなのでしょうか？

もしファンダメンタルが為替と連動しているという主張が現実的ならば、そうした情報に前もって動くというのは変ですし、そもそも円やドルの価値という場合の、価値というのも誰にとってどういう価値があるのか、ということがはっきりしないのです。

このように「もの」とお金の関係がみえにくくなった理由はいくつかあります。第一に、円の価値は相対的なものだということです。円高や円安というのはあくまで相対的なもので、たとえば昔の一ドル三六〇円に比べればとか、あるいは最近の一ドル一〇〇円に比べれば、とか、もっと昔の一ドル一円の時代まで溯ればという形で話にのぼることを考えてもらえばお分かりのことと思います。

第二に、円やドルの価値に関わる主体・主語も複数です。複数いるのです。問題を単純にするためにユーロや他の通貨はひとまず脇においておきましょう。まず日本の企業が主語である場合、ドル建てで行われる対米輸入が増える、つまり国際収支の黒字が減ると、日本企業が支払いに使うドルは増えます。したがってその企業は円を売って、ドルを買うことになるのです。ドルをたくさん買うとドルは高くなります。一方、円建てで輸入した場合、日本の企業から円がたくさん入ってくるので、今度は米企業がその円を売って、ドルを買う。ドルが買われるので、円安圧力が高まるというわけです。いずれにしても対米輸入による黒字が減れば円安に傾きます。またそこには、その経済情報に基づいて、ブローカーなどの為替市場の需給関係のなかで動いている人たち、機関投資家などがいます。今では悪役となっているヘッジファンドも、そういう人たちに含めて考えるなら、彼らも主語であり、発表される情報に対して動き、それに対して為替の市場を変化させます。しかもかなり大きな市場に、この金融市場がなりつつあるわけで、金融ビッグバンが必要になってきたのも、この市場があまりに大きくなってきたからです。

主語が複数である場合にもう一つ重要なのは、シングル・プレーヤーという存在です。特に今のアメリカではそうしたシングルで、国民であるとともに投資に関わっている集団や個人が増えてきています。アメリカが日米貿易摩擦の時に円高を誘致するのは、米国企業のことを考えてというか、アメリカの国益（というよりも選挙民）のことを考えてですが、こうしたプレーヤーは円安ドル高に傾く時に円を売りドルを買い、また日本人なら円高だと海外旅行に行ったり、輸入ブランド品を買ったりする消費者でもあります。ですから彼らから見れば、円高で海外のものが安くなって、日本国内の需要が増えれば、購買される円が増えるはずで、そうすれば円が買われる。だから円高圧力があるみたいな関係を想定しやすい人たちです。円やドルの価格が基盤となる国内の経済循環と関連しているのではないか、という誤解が生じやすいのです。消費と為替は実はまったく異なる市場に関連しているのに、政府当局者の発言によって自分の購買行動と自分の投資行動の両方が関連しているような幻想をもちやすいのです。

つまり、主語の複数化がそこに関わるために、問題が複雑になっているのです。そのために複雑な系が注目されて、経済が多分に情報戦の様相を呈してきます。よく言われる政治が経済的になったというのは、もちろん経済援助や経済制裁を独裁的な政権に使うという意味もあるのですが、金融の世界が独自の市場を形成しているために、その大きな市場に対して国の政府の当局者たちの発言が一種の心理戦を呈してきたという意味は、こうした文脈から言えるのです。

ですから外国為替の市場と国内財市場とは、基本的に、「関連付けたい」人たちが関連付けている、そう考えた方が良いのではないでしょうか。理由は、お金の変動の中で関連付ける基盤がないと困る、そう皆が思っているから、関連づけるのです。というより、そうでないと、やっていけないと思っているからです。実は現代において、ますます顕著になったこのことの理由は非常に歴史的と同時に、心理的なところにあります。

3　為替の世界

まずお金と為替との関係について考えてみましょう。

為替とお金である紙幣、これはどう違うのか。実はこの二つには大きな違いがあるのですが、とても似たものでもあるのです。紙幣を発行するのが国であるため、国が存続する限り（イラクに侵攻されて一時期クウェートがなくなってしまったような非常事態がない限り）紙幣はなくなりません。国は借金をチャラにできますから、いくら赤字でも相対的に評価が低くなっても、借金の踏み倒しが国際的に可能です。

でもそれ以外はお金と為替は、とても似ています。いえ、最近ではますます似てきていると言った方が良いかもしれません。違いの詳細はあとでまた触れることにして、まず紙幣の歴史を見てみましょう。

ペーパーマネーをはじめて構想した人と言われるジョン・ローは、実に興味深い人です。Ｈ・Ｃ・ビンスワンガーは『お金と魔術』という本の中でゲーテのファウストを通して近代経済学の姿を批判的に検証していますが、彼によればファウストのモデルはこのローだというのです(1)。若い頃、ローは賭博師まがいの行為で巨額の負債を抱え、恋のいざこざから決闘になって相手を殺してしまいます。結果的に捕まったローはその後脱獄して、ロンドンからヨーロッパの逃亡生活に入ります。その中で彼は夜な夜な賭博場で過しながら、株や通貨、銀行のシステムについて勉強し始めます。そして経済的繁栄のためにペーパーマネーは不可欠だと考えるようになるのです(2)。紙幣は財と交換するために生じる価値ではなく、財の交換をする媒介となる価値である、というのです。つまり物としてのお金は、媒介として価値がある。ゲームセンターに行って、コインを買って、それを使ってゲームをするのと基本は同じです。大きなお金を動かすには、その代わりのコインや紙を使ってしまえば動きやすいし、大きなトランクで重いお金をやり取りしなくてもよいという発想は、カジノや賭博場を渡り歩いたローの賭博師としての人生が大きく反映されています。いずれにしても金や銀といった輸入資産を使わなくても、ただ印刷するだけで貨幣流量をコントロールできるという今のマネタリストたちが考えているような発想を、実際の「もの」から遊離すれば実現できると考えたのです。英国に舞い戻った彼はこれを宣伝しますが、結局ロンドンを追われるように去り、ヨーロッパで賭博で大成功、大金持ちになりました。

そして紙幣の実験は一七一六年フランス、オルレアン公のもとで行われることになります。いわゆるロー銀行、中央銀行の特権を使って、為替銀行を作ったのです。独自の銀行券を発行して、それを現行の規準になっていた金との交換を保障したのです。もちろんオルレアン公のもと、金銀との交換を保障されているという安心感もあって、金との交換比率も上昇して、それなりに貨幣として流通するようになり軌道に乗り始めました。でも何せローは、賭博師です。やっぱり投機が好きでした。ローは、いわゆる株式に手を出し始めます。「ミシシッピー計画」というやつです。フランス領だったミシシッピー河周辺に特許会社を設立し、一時期この目論見は成功して、会社の株は爆発的に跳ね上がります。

でもこれはいつか来た道……、最近日本で起きたのと同じような事が起きます。対象は、紙幣。歴史的な登場人物をあまり多くしたくはないので、一言で言ってしまえば、誰かが紙幣の存在基盤を疑問視した、ということです。そして硬貨、つまり金を含むような「もの」に換えてもらいたいと言い出した。すると、皆がその紙幣の存在基盤を疑問視し始めたわけです。皆は硬貨を手持ちのものにし始めて、次第に流動性は減少し始めます。政府当局は、硬貨との交換比率を変えてみたり、硬貨の所持を制限してみたり、使用を禁止してみたりといろいろなことをしました。でも、こうした経済現象に規制や禁止、あるいは権威を使ってどうにかコントロールしようとしても上手くは行きません。結局は紙幣が無価値になるまで、このパニックは進んでしまったわけです。ローはといえば、やはり賭博師として流浪の人生を歩み、無一文でヴェニスで最期を遂げました。政府の発行するお金ですら、初めのうちは、こういうことがあったのです。

バブルです。そして、為替とお金は、この意味では連続しています。さっきはゲームセンターのコインだったのが、為替になっただけです。経済の規模に関連して生まれたという理由も、ローの言う通りです。為替は現金ではないお金の代わりという意味ですが、これが使われるようになった最初の理由は、商業が大きくなって、やりとりするお金が大きくなったからでしょうし、反対にこれを使えば大きなお金の商売ができます。例えば、一億のお金、私はもったことがありませんが、持つとなるとかなり重いものです。ですから手早く商売でお金をやり取りするためには、為替というのは必要不可欠だったわけです。日常的には、銀行振り込みを使って通信販売の物を買うという、私たちが今ではすっかり馴染んでいる行為のルートが、内国為替の基本的なモデルです。会社でいえば、aという会社が預金している銀行のお金をbという会社の口座に移して、bの商品をaが買うという行為のことで、この銀行と銀行の日本銀行の当座預金の間でお金が動くのです。お金の代わりに動くのは記録用紙のようなものです。でも、「手形決済」になると、自営業の人か、ちょっとお金持ちでないと経験したことがないかもしれないので、分かりきったことかもしれませんが、手順を簡略化してみましょう。

① aという人（会社が多いのですが、ここでは人に擬人化します）がbという人から「何か」を受け取った（買った）とします。そのものに対してaはbに手形振り出し状を渡すのです。

② そこでbは手形を取引先の銀行に持ち込んで、取り引きを依頼します。

③ するとその銀行はbから受け取った手形を手形交換所に持ち込んで、今度は手形交換所がaの取引先の銀行に手形を手渡します。

④ そしてその銀行はaの口座から特定の金額を引き落として、そのお金をbの銀行に入金して決済が済むのです。

この関係は手形交換所という信用できる組織さえあれば、大きなお金を、紙切れ一枚で移動させることができます。基本的には先の為替も紙幣も、そしてこの手形も第三者的な機関のあり方、銀行のネットや手形交換所、あるいは日銀などの機関があって、そこへの信用、合意、そして選択という三つがセットになって成り立っているという意味で、私たちのコミュニケーションとほぼ同じ形をしています。約束し、合意して、そしてその選択のもとに行動するというセットは、第三者を介したルールを守るというところまで、人間の行為をもたらすプラクティークなコミュニケーションと基本的に同じです。

違いは、一言で言えば、「権威」と「約束」の間にあります。お金は、国が配分している、という形を取っているのに対して、手形は合意の手続き、つまりプレーヤー同士の約束によって成り立っているのです。ですからお金と手形の違いは、一つだけ、手形交換所に相当する政府の機関がたくさんそれを増刷できる、その一対多という権威的な構造をもっているかどうか、という一点です。交換の過程で手形をたくさん発行してしまえば、手形一つ一つの価格が変動してしまいます。それによって経済を上手くまわすことも、オルレアン公のように、流動性を停滞させてしまうこともできます。貨幣の供給量の問題です。ご存知のように、供給量を増やすとインフレになる可能性があるためにそんなに乱発はできません。ですから、紙幣にも（国への）信用という問題はあるのですが、その信用は権威への態度として表現されるものです。極端な話ですが、最初オルレアン公がとっていたような態度、自分には潤沢に金があるから、いつでも金と紙幣（手形）は換えてあげられるよ、という態度を権威の当局者がとると非常に上手く行きました。皆がそれを信頼していたし、そのキャパシティを感じていました。でも一度、その交換が不可能なのではないかと疑うようになると、いっきにその権威への信用が失墜しますね。そしてその後に為政者が取った「交換を禁止する」とか「硬貨を制限する」とか、つまりすでに失墜したはずの信用のない権威だけを使って、どうにかコントロールしようとしました。後者はまったく上手く行かなかった。これは信用されていない父親が「父性」や「父権」を根拠に権威を振るっている姿です。後でお話ししますが、権威というのは、そうした一対多の交換が保障できる、配分の立場を保障しているということと同じことなのです。保障などできない、その姿を見せた時点でオルレアン公の権威はすでに失墜していたのです。オルレアン公のもとにはもともと紙幣を金と交換できるだけの余裕などなかった、そのことが見え見えになったのです。

さてお金を、交換できるかどうか、これは二十世紀には大問題になったことです。実は経済の規模が大きくなった以上、実体硬貨と交換できないぐらいのお金を動かすのは仕方のないことですが、その仕方がないことをどうにかして上手く動かそうとした。ケインズが「金＝黄金」を規準とすることに大反対だったことは有名ですが、鯖田豊之氏が述べているように「二十世紀は金本位制とともに開幕し、マクロ的には外貨国債と金現送が同一平面状にあって、金に振りまわされた時代であった」⑶のです。ちなみに先の手形のシステム①から④、これは今ではクレジット・カードやこれからの電子マネーの基本的なモデルになっています。クレジットや電子マネーは、決済の速度を早めます。でも、それだけではなく、今日ますます明らかになりつつある、金本位制以後の通貨制度と密接に関わる、ある側面を持っています。

4　金本位制の時代

さて先の為替や手形、さらに言えば電子マネーや紙幣すらも「信用」という第三者的な基盤に支えられたコミュニケーションです。ＡがＢから何かを得る、という行為が剥奪や略奪にならないためには、そうした信用に裏打ちされた「情けは人の為ならず」という理解と、それと同時に第三者機関への安心感を支える安全保障とが必要です。でも最初の紙幣の例からも明らかなように、この信用はとても難しいことです。国家ですらそうなのです。さらに言えば、規模が大きくなれば、そこに外部がある限り、外部には市場が発生するという問題があります。このことはすでに拙著『心理経済学のすすめ』でお話ししたのですが、共同体のなかだけの交換から市場の自動的な発生には、ちょうどコミュニケーションの発達史と同じようなプロセスがあります。図１を見てください。

図１(a)は、原初的なやりとり。二者関係のパーソナルなコミュニケーションです。この関係はパ

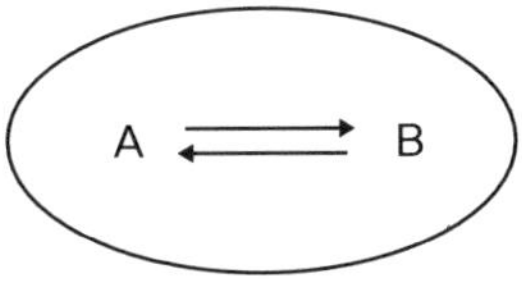

(a) 物と物との交換

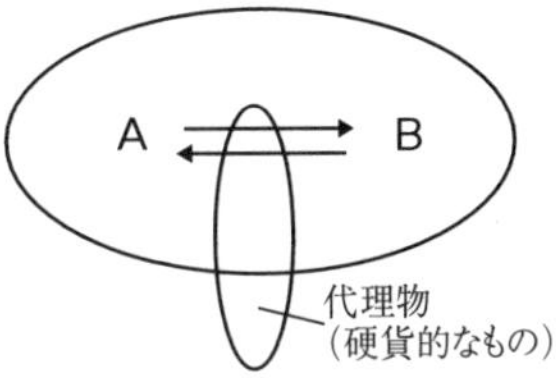

(b) 代理物(移行的)な物の介入

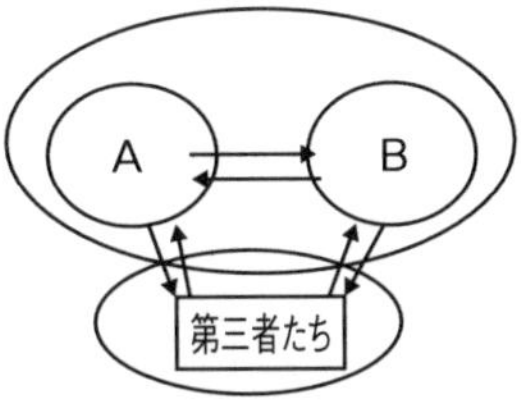

(c) 第三者の介入するやりとり
(為替や手形)

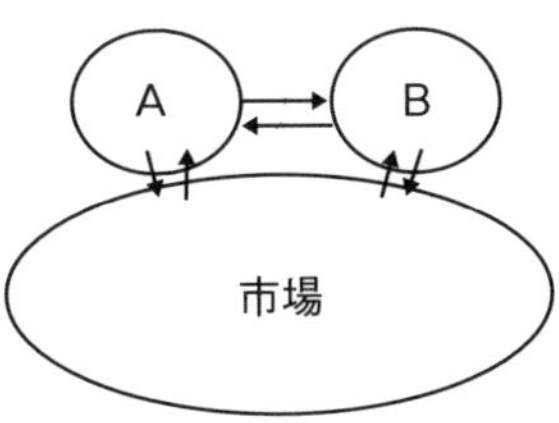

(d) 市場の発生と交換の共同体の消失

図１

ーソナルな関係ならば、融合的な関係として性、恋愛、親子といった関係にしばしば再現されますが、一時的なものであくまで構造ではなく、J・ラカンはこの双対的関係を不安定だと言いました(4)。でもこのモデルは、原初についての、あくまで理想形ですから、それがどんなものかは頭の上でしか思い描けません。快感や一体感があったときには言葉にできません。言葉にしたとたん、それは快感そのものではなくなってしまうでしょう。

次が(b)のように、間に介在する移行的な対象の登場です。そしてその対象はたいていは媒介的、代理的なものです。ラカン流に言うと、移行的というよりも断続的な亀裂のなかに言語が登場するというイメージなのですが、確かに言葉でも良いと思います。図1(b)のなかで「硬貨」と指摘をしたのは我田引水で、実はちょっと言い過ぎかもしれません。この概念を使ったD・W・ウィニコットという人の言う移行対象は、柔らかくて、母親を代理するそうした慰める対象です(5)。ですから硬さはあまり必要ない。でもS・フェレンチィという分析家が述べていることですが、もともと泥んこ遊びだったものが、砂や粘土、あるいはブロック遊びと、しだいに「もの」としての硬さを獲得していく過程も現実感の発達には重要な一側面で、それを「硬貨」の硬さはもっています(6)。ですから間の間隙を埋める対象が硬さをもつことで現実と内面の接点をもっているという意味で、「硬貨」は重要です。ただこれはあくまで、金を含有していることが同時に大切なのです。金は希少価値であって、象徴的に「きん」ですから。その時代の「硬貨」は実体としてものとしてのお金という面と、象徴的なお金（ゴールド）という面とを合わせ持っています。ですから、金（きん）がお金だったということが重要だった、そんな時代があったのもうなずけます。これは「金本位制の時代」と呼べるものです。

ここで金本位制の時代と、あえて仮に述べた理由を解説する必要があるでしょう。お金は基本的に経済を潤滑化するための媒介ですから、交換の媒体という意味と富の貯蓄という二つの意味があります。いずれにしても、お金の必要条件というのは、規準となる（少し難しくするとコード化可能となります）交換価値をもっているということです。ですから共同体がある程度発達して、開放され、いくつもの集団を体系化するような国家というものが登場することと、銀行のシステムが整備されることはほぼ同じプロセスです。でも紙幣の例を見ていただいて分かるように、国家が信任されるのもそれなりに難しいことですから、かつては物が規準だったのです。この「もの」は実体として意味のある塩だったり、綿だったりした時代もありますが、貴金属が希少性（珍しい＝価値がある）という点で優れているために、一般には金や銀が規準になっている時代が長かったのです。で最初の紙幣もそれを金と兌換可能であることが原則になって、それによって信用が成り立っていたのです。これを金本位制と言いますね。ここには金が含まれる貨幣が流通して、金が規準だった時代、あるいは日本のように銀が規準だった時代があるわけです。

国際通貨制度に対して国によって事情が異なりますから、日本の例で言うなら、日本は一八七一年に新貨条例が出て、円が通貨になります。この当時は円は一ドル＝一円だったのですが、相場がやや下がっていきます。そして、一八九七年にはいわゆる金本位制が採用され、その後およそ二〇年間はだいたい一ドルが二円付近を行ったり来たりします。日本の制度では金七五〇ミリグラムが一円で、アメリカでは一五〇五ミリグラムが一ドルという感じでした。だいたい一ドル＝二円あたりです。ところが世界大戦のために金本位制を一九一七年に停止せざるをえなくなりました。その後、世界大不況に突入するなかで、何度か紆余曲折はあるものの、結局、二度目の世界大戦が起きます。戦争は、信念や民族対立というよりも、たとえ表面的、意識的にはイデオロギーの対立のように見えても社会経済的な理由、つまり貧富の差や領土の確保で起きるのが普通です。ですから戦争が起きた遠因は、この金本位制と経済の悪化との関連性は無視できないと思うのですが、その事情については、昭和期の不況について書かれた専門書にゆずりましょう。やがて第二次世界大戦の為替管理体制が終わり、いわゆる固定相場制を採用して、規準レートとして一ドルが三六〇円になったわけです。もちろん固定相場と言っても、国家間の貿易がある限り、どうしても通貨を交換するために市場が発生してしまいます。つまり図1の(c)の第三者的な機関というのは国家間のシステムになってしまえば、どうしても市場の発生を促して、図1(d)へとシフトしてしまいます(7)。

ただ固定相場制というのは、そのなかでも金本位制にあった「規準としての金」という発想を維持し続けようとしたものです。つまりマネーセンターであるアメリカの通貨ドルはあくまで金一オンスと兌換が可能だという「ドル＝金本位制」だったからです。そしてドルと他の通貨と規準レートを維持するために諸外国が介入するというシステムだったのです。なぜでしょうか。少なくとも前世紀の十九世紀はほぼ一〇〇年にわたって、金本位制が維持できてきたという良き時代があったからでしょうか？　その時代は、確かに物価の安定や金の生産の増加が、富の増加と並行していたという利点があったために安定していたのですが、あえて「(希少な) 金」が規準であり続けた理由は、人間にとっての「価値＝価格」や「信用」にまつわる心理経済学的な問題があったからなのです。

5　人はなぜ金にこだわるか

金という希少性の高い貴金属に惹かれる理由は精神分析が探求してきた主題ですが、ここではコミュニケーション、つまり人間関係のレベルで説明しましょう。

もし孤島に二人だけしか人がいないとします。するとお互いにとって大切なものの規準、つまり価値はお互いのすりあわせになります。一方の人Aがお腹がすいているとする、他方の人Bがつまらないので本を読みたいとする。そこでたまたま、辺りを散策していたAが本を拾う。Bは本がほしくてたまらない。「それをくれないか」とAに相談する。Aはまあそれほど本がほしくはないけれど、せっかく見つけたからにはただ単には、その本をBには渡したくない。そこでBにこれを渡すときに、もし「食べ物が見つかったら、俺にくれ」という条件で本をBに渡す。すると、相対的に食べ物と本は等価交換の価値が発生するのです。さてここまでは交換の発想ですべて片付きます。でもこれが孤島に三人だと、話が複雑になります。ジンメルは二人集団と三人集団を分けましたが、三人だと、集団心性が非常に強く働くようになります。例えば三人目のCは喉が渇いているとします。その状況で、Bがリンゴをみつけます。喉が渇いているCもある程度は喉を潤すためにリンゴがほしいといい出して、AとCは口論になって、どっちがどれだけリンゴがほしいか、だからどれぐらいのものとリンゴを交換すれば、Bがリンゴと交換してくれるのか悩みます。分かっているのは、さっきAがBに渡した本よりも、どうもこのリンゴの方が価値がありそうだということです。本はBがほしいだけでしたが、今度のリンゴは二人の人が欲しがっているのですから。価値＝価格というのは、多くの人のほうに不利に働きますから、多くの人がほしいものほど高いのです。ただここでのリンゴの価値は相対的に非常に不安定です。原則として価格というのは、第三者が登場しないことには不安定なのです。ここで第三者が「リンゴ」の価値を決めてくれると楽です。リンゴの値段があれば楽です。価値というのは、何か規準があれば楽なものなのです。

で、規準には二つ可能です。一つは第三者である地元の島民が突然そこに登場して、「このリンゴなら、いくらだ」とか何とか教えてくれれば、これでかなり安定的な関係をAとCとはもつことができます。だったら「これぐらいにして」という妥協点が合意され、それをＢに持ち掛けられます。これは先の図でいえば、図１(c)ですね。もう一つは、島の近くに市場があった、その発見です。市場は皆が「今いくらぐらいで」取り引きしているか分かる場です。地元の人たちがこれぐらいでやりとりしている、そんな場で価値が自動的に決まっているのです。ですから市場の相場を知っていれば、リンゴの価値はほぼ自分たちとは無関係のところで決まります。もちろん、選択においてはリンゴと他の選択肢のなかで効用の限界がありますから、そこでＡとＣの双方にとって意味づけは変わるのですが、だからといってＡとＣがどのような関係性をもっているかということが、市場の登場によって問われることなくリンゴの価値が、自分たちとは外の需給関係によって決まるわけです。これが図１(d)です。ここでＡとＣとの間には、なんらパーソナルな関係が必要ではなくなったということに注目して下さい。図１(c)では、例えば、Ａ、あるいはＣがいったい誰にリンゴの値段を聞くのか、という問題はとても大きな問題で、それによってＡとＣとの人間関係が決まります。日常生活ではどの銀行から借りるのかとか、どの保険に入るのかといったことを、私たちは名前や情報で判断しているようには見えますが、その銀行の人の雰囲気や保険の勧誘者の人柄に意外と影響を受けるものです。これも、その価値を判断するときに、自分と他者の人間関係を、市場の価値とは別にパーソナルな関係を材料に使っているからです。それに対して、図１(d)では、市場は外部にあって自生的なものです。市場の価格は絶対的なもので後は変動の許容範囲があるだけです。で、ここにはAとCとの人間関係の枠組みは入ってきていません。今の場面で言えば、電話一本で今リンゴがいくらか問い合わせるだけで良いのです。

でも「信用」という面から見れば、この図1(c)から図1(d)の間は、とても難しいものです。特に、図1(d)になってしまうと、いわゆる幻想の共同体のようなものは、すでにAとCの間にはありません。関係の枠組みが必要ないのです。彼らに必要なのはモラル・ハザードの（偏りの）ない情報であり、それによって今のリンゴが買いかどうかを判断するだけです。ですから完全な市場経済の登場と、社会資本の情報化というのは密接に関わっていると思います。情報の速度が非常に早くなったのは、交通網が発達した十九世紀末ぐらいからだったと思います。逆に言えば、金本位制が十九世紀の間に安定的だったのは、皆が他の国のことをそれほど知らず、知る方法もなく、それほど情報がネットでなかったということ、知らないことは幸せだということがあったのです。社会は、図1(d)がしだいに完成して来るにしたがって、非常に不安定になる。というのも幻想の共同体のもっていた第三者への信任というのは、すでに市場への賭けという「跳躍」が必要になって来るからです。

商業や貿易で規模が大きくなって、しかも大きいお金が為替によってやりとりされるようになり、それが情報をやりとりできるような場を確保してくれれば、そこには非人格的な、先に述べたパーソナルな共同体をもたない市場がオートマティックに発生します。この市場は、そこにいる人たちすべてを非人格的に巻き込んでいきます。人間関係が相互的ならば、そこで何もしていない人も、すでに何もしていないという選択をしている参加者になってしまいます。そこに独立したやりとりの場が成立してしまえば、その市場に生産関係にしろ、消費関係にしろ、あるいは投資関係にしろ、そこに関わるすべての人を巻き込むのです。市場に人が集まるのではなく、市場はそもそも参加者のニードに合わせて登場しますが、その市場は相互関係の場としてそこでの参加者を巻き込むのです。市場のための市場に対する市場による調整です。

信用や信頼をキーワードにするような人間関係で一番起きやすいことは、皆が同じ物を大切だと思い、皆が価値があるものは同じ物になりやすい。価値の共有ということでしょうが、同時にそれはバブルの原因であり、不信の種でもあります。もちろん、従来の経済学だと、ものがあまりに価格が高くなった結果として、ものが売れなくなり、その結果調整が起きます。日本が景気がよくて対米輸入が増える円安でドル高になると、日銀ではドルを売って円を買い、固定相場を安定させます。すると外貨準備が減って、輸入を押さえないとやっていけなくなります。これまでのプロセスで描いたように、金本位制や固定相場制だと、信頼や信用は、ＡがＣとどうやって調整していくかという二者関係のレベルでどうにかなるのです。

でも一度自動的な市場を前にして図１(d)になってしまうと、水準の変化に併せて経済が動くので、こちらがどれだけ信用したものに賭けられるかにかかっています。そしてプレーヤーの多くは個人であり、重視されるのは「情報」であり、求められている心的態度は「懐疑」です。というのも信

用できるものが何かを疑うことが求められているからです。ですから市場社会では、

1　幻想の共同体、内部の喪失
2　パーソナルな人間関係の崩壊
3　個人主義的内閉化、あるいはセルフのミニマム化
4　価値の多元化
5　懐疑と情報戦略を前提にした信用

以上、五つは市場化する社会を生きるためには避けて通れないことのようです。

経済の規模が大きくなっていけば、その時間的、空間的な格差がずれを生み、そのずれに市場が発生する。そんななかで人間が関係のなかで「価値」や基準を一定のものに求める心は、ごく当たり前のことなのです、誰も人間関係を不安定にしたくはない、疑いたくはないからです。それが社会経済が情報化して、規模が大きくなり、金本位制が崩れていった二十世紀に入っても、金という規準を失うまいとした心理的な動機です。だからこそ、第二次世界大戦後の二〇年間ほどは、金＝ドル本位制だったのです。

6　金本位制の崩壊

ドルは金と替えてくれるという前提で、ドルとの固定相場を維持するように、各国が協調介入しました。でもドルを安定させるためには、例えば日本が景気がよくて対米輸入が増えた場合、円安でドル高になるので、日銀がドルを売って円を買わなければなりません。そういう約束なので、介入して、固定相場を安定させるのです。でもそうすると外貨準備が減って、輸入を押さえないとやっていけないので、景気を沈静化させるために引き締めの政策を考える必要が出てくる。ドルを固定させるために国内経済を犠牲にするみたいな変なことが起きます。

こうした国内経済への不安定圧力にもかかわらず、なぜドルを維持する努力をしたかと言えば、次の章で少し触れますが、やはり社会経済的な領地争い、冷戦構造があったと言っていいでしょう。つまり社会経済構造の外部の敵が共通にいたのです。幻想の共同体が外部のソ連集団に対して維持されていたと言っていいのです。一見図1(d)と見えるように、通貨が維持されたのは、AとCとを結ぶ、外部に対する内部という共同体感覚があったからです。

でもこの固定相場制は一九七三年にアメリカの一方的なお手上げ宣言によって破綻します。理由は、こうした国内経済に不利な状況でも、日本は生産性を上げて、コストを下げ、輸出製品の価格を引き下げられるようにしたために、対米輸出が大幅に膨れ上がってしまった。いわゆる日米経済摩擦と言われる現象が起きたのです。それで、アメリカは変動相場制に移行せざるをえなかったのです。このことと外部に圧倒的な市場が発生し、外為市場が非常に膨大になっていったということは無関係ではありません。いずれにしても変動相場制を市場の大きなうねりの中で仕方なく、アメリカは戦略上、選択せざるをえなかった。このシステム、単純化して言えば、これによって金を兌換することなく、協調介入だけで、お金の価値を金という規準に縛られることなく、管理通貨制度のもとで金融政策を発動することで、外国の経済の影響をコントロールできるようになりました。言い換えれば、金と変える必要がないのですから、自由にお金を刷ることができます。怖いのはインフレだけです。今のアメリカのように膨大な赤字を抱えていたって大丈夫です。何の基準もない以上、後は自分が大丈夫と思っていれば大丈夫なのです。そして外為が大きな、しかも自由な市場になった。金本位制のもっていた硬貨との交換という箍《たが》が外れたからです。

このシステムの大きな心理経済学的な問題は、「もの」との兌換可能性から離れましたから、あとは本当に心理的な「信用」、そして「懐疑」だけです。ここでの「信用」はほぼ「合意」と同じ意味、規準となる「枠組み」が（国際協調という名の）合意によって得られるものになりました。「コミュニケーションは一定の枠組みを求める」からですが、でもこの枠組みは、懐疑と不信／信頼と合意という二つの極の間を行き来するバランスの難しいものになったのです。ですから変動相場制に入ってしばらくの間、「変動ドル本位制」だった、そう言って良いと思います。でもドル本位制はそもそもおかしい。ドルそのものが通貨なのに、それを規準としてお金の基準を決めようとすれば、経済が、アメリカと他の国との競争のようになってしまいます。対アメリカで皆が経済を豊かにしていく、そんな世界です。それがいかに不安定であったかは、有名なプラザ＝ルーブル合意で、みんなで調整しようよ、とアメリカが言い出したことからも分かります。

私たちの現在の「こころ」は非常に不安定です。変動相場制は、規準となる価値、つまり調整役である基盤がないのです。あるのは信用と合意です。でも市場社会が心理的に「懐疑」を前提にする限り、そして物理的には圧倒的な経済大国がない限り、第一次世界大戦と第二次世界大戦の間のような経済状況にある、そう言ってよいと思います。違うのはシステムのあり方だけです。

変動相場制の社会が要求する信用や信頼は、従来の一元的な価値、皆が良いと思っている権威や権力を信じる固定相場や金本位制の制度の社会とは別の情報戦が必要な社会だということになります。人間関係に言い換えると、相手の心は読むものになっていくということです。せちがらい世の中と言えばそうかもしれません。でも避けて通れないらしいなら、そこには心理的なメカニズムを考慮した戦略がどうしても不可欠になりつつあるのです。

注

（1） H.C.Binswanger (1985). *Money and Magic*. 1994（translated） University of Chicago Press.

（2） L・トゥヴェーデ（一九九七年）『信用恐慌の謎』赤羽隆夫訳、ダイヤモンド社、一九九八年。

（3） 鯖田豊之『金（ゴールド）語る20世紀』中公新書、一九九九年。

（4） ラカン関係の本ならどれでも出てくる。斬新なのは新宮一成『ラカンの精神分析』講談社現代新書、一九九五年。

（5） D・W・ウィニコット（一九五八年）『児童分析から精神分析へ』北山修監訳、岩崎学術出版社、一九九〇年。

（6） S.Ferenczi (1958). *First Contributions to Psychoanalysis*. New York: Brunner/Mazel. を参照のこと。

（7） さまざまな参考文献が挙げられるが、ここでマッキノンの本を上げておこう。R・I・マッキノン（一九九四年）『ゲームのルール』日本銀行「国際通貨問題」研究会訳、ダイヤモンド社、一九九四年、あるいは大野健一『国際通貨・金融論』日本経済新聞社、一九八五年を参照のこと。

第二章　こころの戦争

1　新しい局面

今世紀に入って、世界は恐慌と戦争という二つの不幸に苦しめられてきましたが、それはどちらも「もの」の停止であって、「もの」の破壊でした。だから戦争といえば、その悲惨さは亡くなった人や壊れたものによって算定されていたのです。戦場は物理的な地域であり領土でした。恐慌も同じで、ものの停滞と混乱、そして生活苦が主な問題であり、それが人の不幸を作り出してきたのです。でも今世紀に入って、もう一つ別の戦場が登場してきて、もう一つ別の戦略が必要になってきました。前の章を受けて、このお話をしていこうと思います。情報空間、ヴァーチャルスペースなど、呼び方はさまざまですが、そうした空間では領土や自然数の世界、つまり累積的な蓄積と損失の世界が成り立ちません。それは一言で言えば「こころ」ということになるでしょう。つまり「こころ」は「もの」と同じ地平になりつつある。そうなってきたのです。

まずはじめに「心理戦争」という、一般には、やや聞きなれない言葉を登場させることにしましょう。戦争のテクノロジーはいつの時代も、その先端技術を代弁していますが、精神面でも例外ではありません。心が今、社会のどこにあるのか、心について何が起きているのか、その点を明確にしておくことが、こころの戦略を考える上では、重要です。

「心理戦争（psychological warfare）」と言う場合、「国家間の精神的な側面における力の闘争すべての形」という広義の意味から「軍隊組織の実地する心理的な側面への戦術戦略」という狭義の意味までさまざまな形で語られてきました。この概念が狭義の心理戦争、つまりナチによって作られた「宣伝省」に象徴されるような「宣伝謀略」、つまりマスメディアを用いた敵国の前線や国民への社会心理的な操作が、いわゆる「謀略」といわれるスパイ行為のように古くからある戦争の手段と異なり、意図的な戦術戦略として使われはじめたのは比較的近代のことです。というのもこの心の戦争のためには、国対国という軍隊組織としてはフランス革命以後の「国民軍」、ひいては「国家総力戦」という発想が前提として必要で、さらには政府と国民という近代国家の構成要素についての

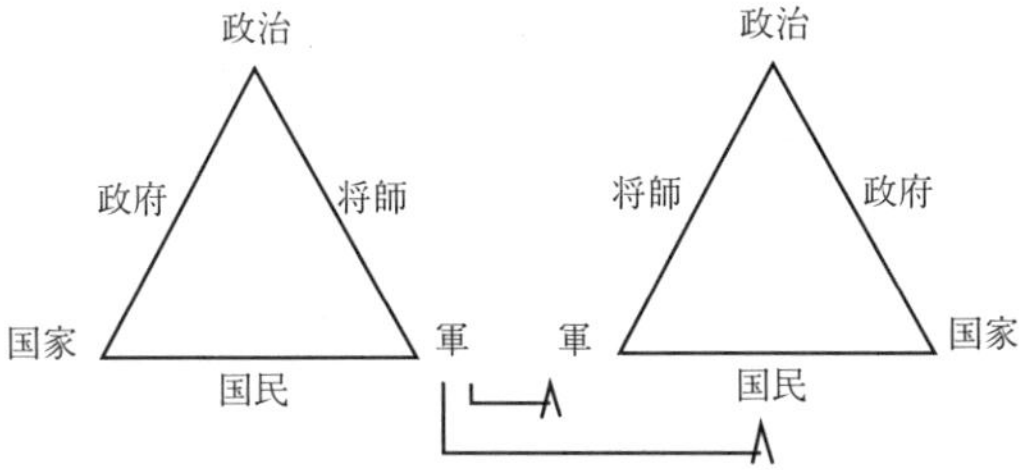

図2　心理戦争の戦略的方向

理解が不可欠だからです。ですからこの心理戦の一側面は「純粋に知的な方法で世論を操縦し、特殊な条件をつくり出すために情報を積極的に利用する情報活動」として、しばしば（特にイギリスで）「政治戦争」と呼ばれてきました[1][2][3]。

ここでは一応、図2にあるように、宣伝謀略を中心とした戦術戦略を「心理戦争」と定義しますが、この言葉のもつ多義性は、本来この心理的な側面についての戦術戦略がいかに難しいかを示しているものです。実際、アメリカ合衆国でこの部門を担当してきたのは、第二次世界大戦の時の戦時情報局（Office of War Information：OWI）と戦略活動局（Office of Strategic Service：OSS）ですが、この二つの業務分担は当初から明確ではありませんでした。そのため戦後ＯＳＳはＣＩＡへと移行します。その創始者であるＷ・ドノバンについては『情報を操った男』（新潮社）が邦訳されています。その数奇な運命と人生は興味深いもので一読をお勧めします。ただＯＷＩのほうは解散して、米国広報庁（U.S.Information Agency：USIA）になるまで諸々の組織改正が行われてきましたし、また一九五〇年にトルーマン大統領が組織した心理戦略委員会（Psychological Strategy Board：PSB）は、一九五三年には作戦調整委員会（Operation Coordinating Board：OCB）に改変され、さらにケネディ大統領はその機能を自らの独占的な顧問機関とするために、それを廃止してしまうのです（この文脈で見ると、「世界を揺るがした一〇日間」で有名な「キューバ危機」は、ソ連のフルシチョフとケネディとの間で繰り広げられた心理戦争の典型例ということになります）(2)(4)。これは、ある意味で、この部門は国の意志と統合されたと言うことで、今日までの国際政治で心の戦略面がいかに重視されているかが分かります。この点で、国際政治に登場前の日本は、実に特別な心理状態だったということです。

少なくとも近代の国際社会では、情報を操作できる範囲で、意識的にその心理的な側面を強調し、それを政治と軍事の双方で利用しようとするのは常識です。けれども、前の章を受けてですが、はやくはフランスに、そしてドイツにおいて宣伝を中心に起こったこの「心理戦争」の発想が、実は現代において全く新しい局面を迎えつつあるのです。

2　煽動と真実

心理戦争の主な手段である「宣伝（プロパガンダ）」を国家統制のために意図的に用いたのはレー

ニンです。それまでの宣伝が、シェークスピアの描いたアントニウスによる「シーザー擁護」の演説がそうであるような、煽動と宣伝とが渾然一体となったもので、その事情はフランス革命における宣伝ビラも変わらなかったのです。でもレーニンは一九〇二年のパンフレット『何をなすべきか』の中の論旨で明らかにしているのですが、宣伝行為と煽動技術をはっきりわけて、前者を主にマスメディアによるものとして、そのメディアを明確に、意図的に利用しているのです（その媒体は主に新聞）。この発想はその後のソ連の国家体制に大きな影を落としています(5)(6)。共産圏の統制経済という心理統制とほぼ同じことになっていったのです。

こうしたマスメディアへの配慮は、ヒットラー率いるナチによる「宣伝省」の設立まで溯れるような経路をもっています。そしてナチの用いた方法は、新聞よりもラジオ、さらにはG・ベイトソンが分析している映画といった現代的な娯楽の媒体の利用で、それは新聞というかなり思想的、イデオロギー的な色彩の強い媒体よりも、はるかに娯楽性の高いもの、大衆に訴えかけやすいものでした。この部分がレーニンとヒットラーを分かつ所で、ヒットラーは知性よりも大衆の「感情」に注目し、その部分へのメッセージの「反復」を強調したのです(7)。このヒットラーの視点が、社会心理学者ルボンの見解と相似のものであることはよく知られています。

L・ファラゴは一九四一年に出された『ドイツ心理戦争』において、ドイツにおける心理的な側面の重視とその優れた側面を紹介しています。心理学の軍制への影響は、参謀のリーダーシップ、兵隊の選別と訓練、軍隊生活における心理、戦場心理、そして心理戦争の戦術戦略とその利用法まで、きわめて多岐にわたって、きわめて心理学的なものである、といいます(8)。そのファラゴの議論はやや過度な反応であったにせよ、当時のドイツにこうした「心」についての理解、言い換えれば常識心理学的なレベルでの「国民の心」のモデルといったものがあったことは確かで、その部分に多くの軍事研究者が注目していたのも事実です。

このモデルはどのようなものだったでしょうか。この点レーニンとヒットラーという歴史的にかなり異なる評価を受ける人物が、三つの点で似通っていることは興味深いことです。両者とも、

1　大衆に注目しスローガンを掲げたこと、

2　演説などによる煽動という側面を極めて重視し、宣伝を煽動の延長上、あるいはそれと並行するメディアと考えていたこと、

3　そして青年の教育的側面にかなりの力点を置いたこと

です。ここにはイデオロギーや思想を「思想啓蒙」という形(ドイツならばナチズム、ソ連ならば共産主義)で国民レベルでの「煽動」を推し進めるためには、マスメディアによる情報統制と(若者を中心とした)その教育的活用が不可欠であるという発想があります。彼らは心理とか集団心理

を念頭においた「宣伝」に関するかなり包括的な議論に基づいて、マスメディアを積極的に利用したのであり、違いがあるとすれば、ヒットラーは思想よりも感情を重視し、新聞よりもラジオや映画を媒介として用いたということです。彼が活用した心理は、ドイツ人の一次大戦による経済的な悲惨さを、共同体の一致団結に置き換えることで、それによって共同体を纏め上げる、というものです。その際、経済的に流動性が高く、しかもそのネットワークに長く伝統のあるユダヤ人を標的として排除する（それによってさらに結束を高める）、これは象徴的です。外部=経済という共同体の論理を最大限活用したということですから。簡単にするなら「お前らユダヤ人は、私たちゲルマン共同体の敵、よそ者だ」と言うことで、みんなの結束を強めるという、子供時代から私たちがよく使う投影と内部形成という単純なモデルを使ったのです（図3）。

こうしたプロパガンダに関する理論と実践の発展が、思想的統一を必要とする全体主義的な体制の中で行われたことは当然と言えば当然です。この心理戦争の局面を発展継承させたのが、共産圏であることもまた不思議ではありません。彼らは共産主義によって自国を統制し、それを海外に向けて輸出することを目指しているのであり、そのために従来の「煽動」を中心とした宣伝技術は貴重な素材だったのです。戦後のソ連において、この心理戦争は中央委員会の宣伝煽動部門がその任に主に当たってきたのですが、一九四六年から一九五一年の間にソ連の海外向けラジオ放送は、英米が横這いなのに対して、二倍以上にまで増えています。そして国内の情報統制は、それ以上に厳

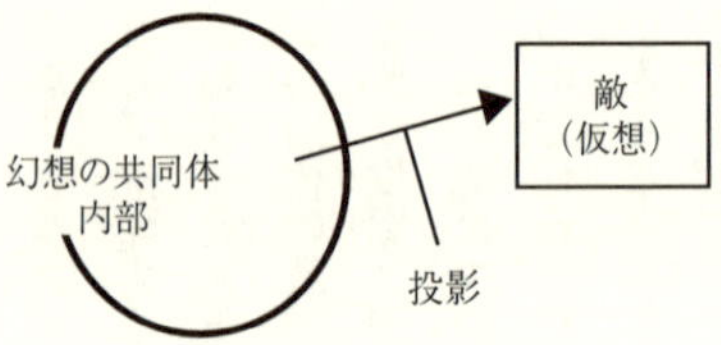

図３　投影と仮想敵と共同体の関係

しいものとなっていくというのも周知の事実です（6）（9）。

もちろんこうした共産圏の戦略に対して民主主義陣営も反応しています。いや反応せざるをえなくなっています。早くはチャーチルが一九四六年に「バルト海ステッチンからアンドレア海トリエステに至るまで鉄のカーテンが大陸を横切って下ろされている」と言っているように、その戦略に疑問を投げかけています。そして一九四七年には『フォーリン・アフェアーズ』誌に、著者Xの名で駐ソ外交官のケナンが、有名な「ソ連の行動の源泉」と題する論文を載せます。そこでXは明らかにソ連の行う心理戦争の脅威を感じとり、共産主義は大衆心理に魔法をかける伝染病であると論じて、対ソ封じ込めを強く主張し、その後の冷戦心理を煽動するのです。

ここに冷戦心理とでも呼べる心理戦が展開することになるわけですが、心理学の視点から歴史を読むならば、逆にその後の核戦略の増強を含めて、冷戦構造そのものが強化されたのは、こうした「心の戦争」という発想が一層重要になった結果であると言うこともできます。こうしてアメリカ側では、さきのファラゴの著作をはじめ、第二次世界大戦に育った心理戦争の技術を研究し分析する論文が多数発表されることになるのです。

そこでその後に展開されている「アメリカの心理戦争の武器」は何でしょうか。簡単に言えば、その手段は「鉄のカーテン」を突き抜けるためのラジオ放送などのメディアであり、その内容は一九五〇年二月に心理戦争部門を設立するにあたって、トルーマン大統領が述べた「真実のキャンペーン（the Campaign of the Truth）」という言葉に集約されます。そしてその結果「ボイス・オブ・アメリカ」が再編成される、つまり共産主義に対して第二次世界大戦の心理戦争に使われた二大宣伝手段である宣伝ビラとラジオの内、後者を用いて海外向け放送を、共産圏に、特にソ連には二四時間にわたって送り続けることになるのです。当時の国務省補佐官Ｅ・Ｗ・バレットは『国務省紀要』の報告の中で次のように言っています。「この観念の戦争において、ソビエト連邦に圧力をかけるために我々のもちうる最も説得力のある武器は、事実のみを扱う、そういった情報プログラム、あるいはもしそう呼びたいなら、プロパガンダプログラムなのである。そこで私はあらゆる事実と言いたい。我々はこの真実のキャンペーンを広げ、押し進めてきた。これは鉄のカーテンを破るための火力兵器なのである」と。そして別の報告では「ボイス・オブ・アメリカ」について、「我々がその放送を発展させる最もよい方法は、実際に標的となる聴衆の反応を綿密に研究し、それに追従することである」と語り、「鉄のカーテンの裏側に向けられた放送は……およそ半分は、精力的でよく選り分けられたニュースからなり、およそ半分はコメントからなっている。そしてそのコメントはアメリカの見解を明確に反映して、そのように分類されるような素材となっているのである。論理や皮肉、明白で冷徹な経済的事実のそれぞれが、そこで流れるコメントの中で役割を担っている。例えば、共産主義社会の潜在的力に対する、自由主義社会の潜在的力量は、今日大切な論点である。そこではまた、時としてユーモアも役割を担っているのである」と、心理戦争におけるアメリカの方法に言及しています(4)。

このようにソ連側の共産主義による(国家)統一のための「思想啓蒙対非-思想」の図式、そしてアメリカ側の情報公開のための「事実対嘘」の図式という食い違いが、冷戦構造の心理戦を初期の頃から縁取っています。

3 国家-共同体-家族

冷戦構造を心理学的に解釈するなら、基本的に中核的な図式の異なる二つの覇権勢力の対立であり、それらの境界はその図式の相違によって強化された一つの国境のようなものであり、それはベルリンの壁や三八度線に象徴されてきた、と言えるでしょう。また逆に深層心理学的に見れば、それらの二大勢力の連合は、ヒットラーが共同体意識を高めるために利用した(図3)のと同じように、その境界の内部の不満や憎しみを外在する「敵」に投影することによって、一つのまとまりとして強化されてきたのです。第三勢力を中間地帯としてまとめれば、互いの心理戦争の敵は、図2の構図とほぼ相似という形で、構造上おのずと二つに分割されてきました。さてこの発想は、つまりヒットラーから冷戦構造までの共同体対外部、国家対外部の脅威という図式は、国民国家に端を発するというよりも、共同体を一つの「まとまり」として見なした場合の発想です。

かのクラウゼヴィッツは、戦争は「外交の延長」であって、政府、国民、軍隊の一種奇妙な三位一体であると述べたが、そこでの心理戦争は図2のように表現されるものでした(10)。当然のことながらそれは、クラウゼヴィッツの時代から明確な形を整えつつあった主権国家の概念を前提として、現実の戦争を見据えた言葉で、そこでの心理戦争も対国家を前提とした、対政府、対軍隊、対国民についてのものでした(11)。この発想を心理的に強化し、安定的な三角形にしたのは、ヒットラーの全体主義国家であり、国民皆兵制を共同体対外部の発想を国家＝愛国「心」レベルにまで拡張した結果であり、それは著しい情報、心理統制の成功の結果だったのです。このことから分かるのは、ヒットラーが使った心の技法は、共同体を内＝家＝国家として、外部を敵とするという意味で非常に古典的であると同時に、国民国家を一つの単位とするという意味で近代的だということです。「うち＝家＝意識」という発想を使っているという意味で、伝統的古典的であるとともに、国家を一つの単位と見なすという意味で近代的です。ここには回帰と革新の意識、アイデンティティーとが共存しているのです。でもなぜでしょうか。

結論から言えば、私の答えは単純です。それは外部の市場があまりに大きくなって、従来の家族や共同体にとって脅威が増えたからです。

著名なエコノミストのドラッカーの処女作にファシズム全体主義が生まれた背景を論じた『「経済人」の終り』という本があります(12)。彼がファシズムの台頭期、パリを無血占領するまでの間に起きたことをリアル・タイムで書き上げた本ですが、そこに描かれているのは文字通り、巨額の赤字を抱えたドイツ経済の破綻からもたらされた不信感から、社会民主主義もマルクス主義も、つまり社会経済的な基盤そのものが失われることで、思想が崩壊していく姿です。おそらく父親‐母親‐子のエディプス・コンプレックスはこうして国民国家、ファシズム全体主義に吸収されていきます。このメカニズムを父親像の瓦解という側面から日本に当てはめて拙著『父親崩壊』(13)で論じました。社会経済的な基盤を失ってしまった結果、あったのは自閉的なひきこもりへの道だったのです。

思うに、日本では明治期がそうであったように、十九世紀末に全体主義が登場するまでの近代は、男性と女性の家庭内外での分業が成立して、家父長的なミクロ経済体制が国家という枠組みのなかで、それほど悪循環を起こすことなく、その強制力を機能させていました。父を中心とした家族と、政府を中心とした国家とがほぼ同じような強制力を持つ世界、精神分析で言う「エディプス」は十九世紀の国家において理想的な姿をしていたに違いありません。その時代においては、エディプス・コンプレックスに描かれた父‐母‐子の三角形が、父親(精神分析的には男根)を中心として成立していた、と同時に、図２の三角、国家が政府と軍と国民との三角形を形成していたのです。そしてその時代とはイギリスが産業革命によって世界の経済をリードするポンド中心の覇権主義を確立した時代でもありました。古き良き時代、金本位制の時代です。ミクロとマクロが、金＝男根という象徴を中心にして循環していたのです。そこには金を中心とできる、自国を世界の中心にできるという一国の強制力があったのです。Ｊ－Ｊ・グーが『言葉の金使い』で指摘していることですが、リアリズム文学の時代は金本位制の時代であり、「金そのものが流通している限り、われわれはリアリスト的文学に身を置いている」のである。精神分析的に、男根中心主義の時代は一元化された価値が法として機能していたのです。そして「金貨幣から兌換可能な通貨へ、そしてそこからさらに兌換不可能な単なる紙幣へと移行する際に生じるのは、法に対する決定的な変化なのです。こうした移行の後では、法はもはや法を超過する正義を保障するようなものではなく、それ自体のなか以外にはどこにもその存在を請け合うものがないような命令を起草・発令・確立化するようなものへと次第に変じていく」のです(14)。このように見ていくと、全体主義の国家観が、経済的な悪循環の結果であることが分かります。ファシズムが外部への敵という発想を使用した、その「心の戦争」は市場という外部に対して、国家を一つにまとめる必要があり、そのための戦略だったと言えるからです。冷戦構造も、この「こころ」のレベルから言えば、五十歩百歩だったということになります。

4　冷戦以後

ところが冷戦が終わった、というよりもイデオロギーの対立などもともとは経済圏の領土問題だったので、大きな情報と経済の流れには勝てなかったのです。一番の理由は共産圏の経済的な破綻が大きいのですが、ソ連のペレストロイカに端を発し、東欧全般に起こった「革命」という名の自由化現象は、一般に考えられているように、冷戦構造の崩壊を中心とした、大きな世界的地殻変動を象徴的に表したものでした。なぜこれほどまでに急速に自由化の波が押し寄せ、そして「ドミノ」と呼ばれる連鎖反応的な現象を生むに至ったのか、これについては諸説あります。集団の心理学ではこうしたドミノ現象は珍しくありません。世界が一つの集団として語れるぐらいに、情報網が発達したと言うことでしょう。そして心理経済学的には、これは「民主主義の勝利」などという思想や主義の問題というよりも、社会経済状況に大きな原因があったと思います。つまり東欧の破綻、そこには、東欧における（一）情報統制の破綻と（二）経済的破綻という二つの要因が基盤としてあったのです。それは同じ現象のコインの裏表です。

例えば、ルーマニアのチャウシェスク政権の崩壊です。体制崩壊の直接の引き金は（吸血鬼で有名な）トランシルヴァニラ地方の都市ティミショアアで、牧師が当局に連行されそうになった時に住民が騒ぎだし、しだいに数万人のデモにまで発展したことでした。当局が発砲し、流血事件になると、すぐさまデモはあっという間に広がり、八日後にはチャウシェスク大統領夫妻がクリスマスの特別軍事法廷で裁判を受けて、銃殺刑に処されてしまうのです。しかもその光景がテレビで放映されます。そのアップテンポの劇的展開は、これが人民によって構成されたものではないのではないか、という疑問点は多々あるにしても(15)、その背景には情報統制の破綻と経済的貧窮状態があることは確かです。中でも象徴的なのは、救国戦線による国営テレビの占拠、そこで革命派である救国戦線は従来の情報統制を逆手に取って「革命」の支持を訴えたのです。またチャウシェスク大統領の特別軍事法廷とその処刑の模様を生々しくテレビ放映したのは、行き過ぎた情報公開という印象は拭えないのですが、チャウシェスク大統領の治安部隊セクリターテをはじめ大統領側の残党を鎮圧するための心理戦術で、同時に情報統制の破綻の典型的な例でしょう。（もちろんこの場合、従来これら東欧圏を強力に鎮圧するのがソ連の役割であったわけですが、もとよりソ連における経済的破綻が明らかになってきているからこそ「ペレストロイカ」の引き金が用意され、「ゴルバチョフのドミノ」が起こったわけで、ゴルバチョフとソ連の変貌も、経済と情報において、東欧と五十歩百歩の状態にあったのです。）こうした情報の流れの中での「宣伝」では、今日テレビ討論によって選挙の動向が決まること、テレビ伝道師のようなテレビの中での募金活動をすることなどに現れているように、テレビによる情報の流れを想定すれば分かりやすいのです。そこでは文字通り情報が嵐のごとく、広範囲にわたって伝えられてしまっています。

実際、情報の側面を心理戦争という視点から見ると、この「革命」では国民レベルにおける広範囲の情報の流入とそれへの迅速な対応が特徴であり、東欧にはもともと自由ヨーロッパ放送をはじめ反共的伝統があって潜在的な自由化要求があるとはいえ、このスピードには「宣伝」という視点から見ても、流言という視点から見ても目を見張るものがあったのです。そこでは統制という国家的選択の域を越えて、テレビのネットワークのような、超国家的な情報ネットワーク（trans-national information network）の存在を予想せざるをえない事態なのです。

まったく同じことは国際経済についても言えます。ソ連や冷戦構造を終結させたのは、西側の圧倒的な経済の勝利、資本主義の波であるという説は、今日常識になりつつあります。もちろん、その後のグローバリズムとか、グローバル・スタンダードが本当に自然な経済発展の姿なのかどうか、この点についてはさまざまな異論がありますが、経済が超国家化している、この点で異論はないのです。むしろ、このグローバル化に対して、どのように国家や政策が対応していくかがますます難しくなりつつあります。

まとめると今日、

1　経済のボーダーレス化

2　情報化社会

という二つが大きな波として、冷戦構造を無為化したというのが正しいのです。この超国家レベルのネットワークの存在の大きな理由は、テクノロジーの発達であり、今日の衛星放送から降り注ぐ「AVシャワー」や膨大なインターネットはその最先端の姿です。

またインターネットは一九九五年にすでに七〇〇〇万人の人が利用していると言われますが、もともとインターネットは一九六九年にアメリカの国防総省の軍事研究効率化のために生まれたアーパネットが原型です。それが八〇年代には軍事から切り離されて、いわゆる情報ハイウェイ構想によって、さらに大きな情報経済網に深化しつつあります。

現在、情報はすでに一人歩きしています。たとえ特定電波に、あるいは特定の情報にスクランブルをかけることができたとしても、情報の嵐を統制するという点で、それは後手後手の応急手段にしかすぎません。テクノロジーと並行する経済についても事態は同様です。今日のように国家間の経済相互依存性が高くなって、テレビで言ったアメリカ大統領の一言で国際為替が変動し、国際的なレベルで経済の動向が変わるような社会では、超国家レベルでの経済的動向を無視して軍隊、ひいてはものを動かすことができません。つまりここでは図2のような心理戦争のモデルが成り立たなくなっているのです。情報の流れと経済の相互依存性がはるかに先行しており、テレビ放送がそうであるように、「現実」の質が変化して、そこでは思想と非思想、あるいは真実と嘘という対立、黒色宣伝と白色宣伝という対比を事実上無効にしてしまっています。

逆に言えば、狭義の心理戦争が広義の心理戦争、つまり情報戦争、経済戦争へと拡張、包摂されるようになってきているのであり、すべての戦略的行為が経済的、心理的な様相を呈してきたと言えます。これらすべては、同じ事ではないか、ということこそ本書の主張です。

「こころ」と「もの」の流れが同じ現象の二つの側面であるに過ぎないと、考えてみようとしているのです。それは、そう考えてみようと言っている心を郷土-家-共同体にして、物を外部にするような発想、それだけを採用する発想を避けた方が良いからです。心は物と別物ではないのです。

その上で、今日、心の戦争の事情はやや変化しつつあり、クラウゼヴィッツの戦争論は、新しい局面を迎えつつあると、考えられます。M・I・ハンデルは「テクノロジー時代のクラウゼヴィッツ」という論文の中で、今日のパラダイムシフトを考えて、もしクラウゼヴィッツが生きていたなら、三位一体の図2は四角化されて、図4のように書き換えられるのではないかと述べています。つまりテクノロジーと経済というものの素材の側面が従来の非素材的な側面に付け加えられるというのです。ハンデルに言わせれば、この新しい側面は兵器も含めた「もの」の動きの項目ですが、もちろん繰り返しになりますが、心理経済学から見れば、そこには「もの」の動きは「こころ」の動きと同じ平面にあるのです。経済のグローバル化と情報のネットワークは、コンピューターの登

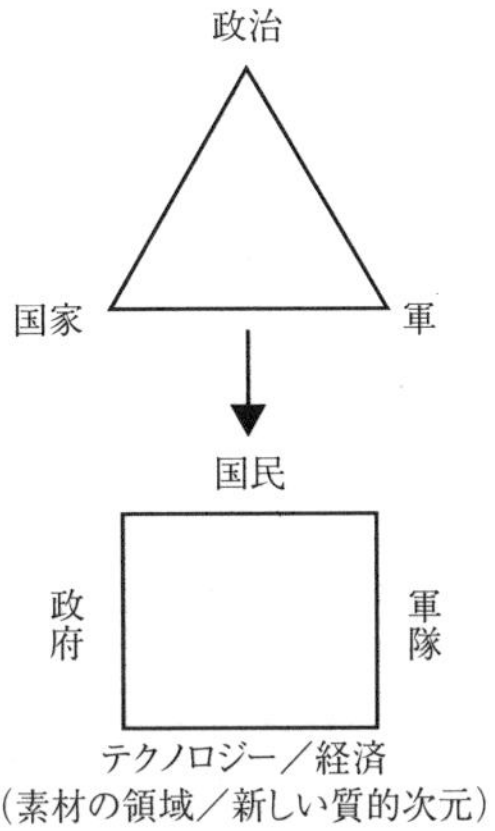

図４　新しい次元

場という歴史において、ほぼ同じことです。ポスト冷戦構造の心理戦争は、経済戦争であり、心理戦争でもあります。そして、国家を超えたところが戦場になりつつあります[16]。かつての対マルクス、対悪しき帝国主義といった勧善懲悪の「敵」はいないからです。つまりポスト冷戦構造の中の心理戦争は、従来の思想対非思想、さらには真実対嘘、良いもの対悪いものというイメージ戦略によるプロパガンダの発想から、イメージ戦において、情報と経済のネットワークをいかにして保つかという点に比重が移行している、と言ってよいでしょう。「もの」と「こころ」の比率が問題になっているのです。

　そして逆に、今後このネットワークの相互依存性はますます高まるでしょうから、こうした心理戦の戦術戦略的発想は、国家にとって国際社会では不可欠のものとなる、と考えられます。例えば、現在の日本の不況について、そもそもこれをアメリカの金融グローバリズム戦略の陰謀ではないか、という意見があります(17)。一面では確かに正しいかもしれませんが、もしグローバリズムを外部とみなし敵とするならば、やはりここでも郷土―家―共同体の発想から、外部を敵とみなす発想が、やや被害的な色彩を帯びています。このメカニズムがそれほど健全ではないということがお分かりいただけるでしょう。反対に規制緩和と金融ビッグバン礼賛の発想も、あまりに迎合的です。規制や制止は、心の防衛のために必要なときもあります。ですからグローバル・スタンダードに基づいて、リストラを中心とした企業の建て直しが行われていますが、この建て直しが今まで日本の庇護社会がもっていた「安全」「安心」「ゆりかごから墓場まで」という雇用システムのもっていた費用効果を問うことなく、ただ世界規準だからという意味で行われているならば、危険です。それを行っている企業が、私たちの心に及ぼす影響を考えることなく、規制緩和と金融ビッグバンに期待しているのだとすれば、戦略なしと同じことです。あまりに急激な規制緩和が社会の安心感に与えるコストが大きすぎます。今日の日本で自殺が急増していること(九九年はすでに三万人を越えています)は、社会的な安心感のコストとして正しいのかどうか、もう一度見直してみる作業は、各企業、各人にとって必要なことです。

確かに、グローバリズムはアメリカニズムです。金本位制を引き継ぐシステムが他になかったからです。経済的に見て巨額の赤字、負債に悩むアメリカはこういう方法、金融の巨大化の世界で生き残るしかなかったのです。そして基軸通貨の強みを利用したアメリカの経済戦略がグローバリズムだとすれば、日本にしろ、私たちすべてがそれに対して心を積極的に組織化する必要があるのも確かです。アメリカ流に合わせることが世界規準であり、日米関係ではそれは避けて通れない外圧だとして、それを前提としてこれまでどのように対応してきて、これからいったい何をするのかを考えるのが心の戦略であり、経済戦略でしょう。やられたからやりかえせ、では子どもの喧嘩です。相互依存の強い社会経済状況を活用する心の戦略が必要であり、物の流れを心の流れのようにして生き残るための戦略を練るべきなのです。

クラウゼヴィッツが指摘しているように、戦争における情報は多分に人間的なものによって左右されます。情報ネットワークの高度化によって、今後ますます人間関係と似たような、摩擦と流動性、淀みと流れとが強まる可能性が高いのです。「もの」と「こころ」は今や流動的です。繰り返しますが、実際の一国の経済規模をはるかに超えた金額のお金が情報ネットワークの中で流されていて、そのネットの間で株価の変動が米国の誰がこう言った、決算報告がこうだった、といった情報によってすぐさま変動していきます。ほとんどの情報がそこに織り込まれながら変動している姿を見てもらえばわかります。図4における第四の新しい局面だけが肥大化して、経済と情報がボーダーを失っていくのです。

5　ハッカーたちの戦場

すでに前著『心理経済学のすすめ』で情報化社会が子どもの心のなかに生み出す問題については触れましたので、ここでは、こころの病という点から、この状態がどのように反映されるか、こころの病の姿が、この社会経済状況をどのように映し出すのかを考えておきたいと思います。ソンダグが述べているように、その時代を象徴するメタファーとしての病があります(18)。またS・L・ギルマンが述べているように、病が表象しているものが時代を映し出すことは、特にこころの病に極端に現れるのです(19)。

おそらくこれからの時代を象徴する病は、拙著でも述べたように、多重人格や境界例人格、あるいは自己愛人格でしょう(20)。というよりもこれらのこころの病は、新しい、これまでの近代精神医学の鑑別分類に含まれていなかったという意味で、新しい面です。もちろん、この三つの病態を一つにまとめることはやや無理があるのかもしれません。多重人格は外傷性精神障害と呼ばれているように、子供時代の環境的な外傷（児童虐待や性的虐待）をきっかけとして、自己を防衛するために人格を多重化する病気です(21)。境界例人格障害は、衝動のコントロールが非常に悪く、対人関係が不安定です。現実検討能力は高いのですが、自分に対して不全感が強い。愛情に対しては非常に敏感です。それに対して自己愛人格障害は、自己中心的で尊大で、他者からの賞賛を求めますが、共感性は低い。そして傷つきやすく敏感で、そのため引きこもりが非常に強く人と関係はもたないようにしているのです(22)。これら今日の新しい精神障害をもし同じ項目でくくるとするなら、適度な内的対象の分離ができていないということでしょうか。簡単に言えば、自分の内面をうまく使い分けて、外の環境に対応していない、ということです。働いている時には会社の顔、家庭に帰れば家の顔と、人は自分のアイデンティティを複数もっていて、その場のＴＰＯにあわせて使い分けています。でもこれら三つの障害は、使い分けに失敗しています。多重人格は、多重化したためにその場その場で違う自己が出てしまうのですし、境界例と自己愛はともに分離を体験するのが難しく、他人にしがみついたり離れたり、あるいはまったく自己の殻に閉じこもってしまう、分離不安が強い病です。

でも、この三つは、今日の心理状況にほぼ正確に対応している、と言ってよいかもしれません。情報が広く行き渡る現代は、価値が多元化して、それぞれの境界線があいまいになり、しかも個々人の「自分だけの」領域は非常に狭くなっています。つまり多重人格はマルチネットワークに、境界例はボーダーレスに、自己愛は自己のミニマム化へ、という具合に、このこころの病は、現代のこころのあり方に対応しています。これらは確かに病ですが、現代の社会経済状況が私たちに要求している心の状態をある程度反映しているのです。私たちは多かれ少なかれ、多重人格のようにさまざまな自己を、別々の側面で適応させていかなければいけないし、境界例のようにボーダーレスな社会に衝動を拡散させるために行動する必要があるし、コンピューター社会に適応するために、自己愛のように自己の殻の中に引きこもる「必要」があるのです。それが病気であるのは、うまく適応できなかった極端な、不適応の姿であったというだけです。

これからの社会、情報と経済のネットワークに「心」の全体が決定的に左右されるようになった、そう言ってよいでしょう。J・アダムスは軍事的な革命と考えられるテクノロジーを次のようにならべています（一八〇〇年以前は省略）(23)。

一八〇〇年　合理的装備・参謀システムにより近代陸軍の誕生
一八五〇年　金属船体、蒸気タービン・エンジン、長距離砲、潜水艇、魚雷など
　　　　　　海軍改革進む
一八六〇年　鉄道による機動性向上、電信による通信の発達、ライフル銃の登場
　　　　　　機械化生産による精密攻撃力と破壊力の向上
一九二〇年　戦車、空母、戦略爆撃、揚陸強襲
一九四五年　核兵器
一九九〇年　マイクロチップ

湾岸戦争の時、眼のあたりにしたように、私たちの戦場は大きく変化していました。サイバースペースのなかへ。そのため「真実」のキャンペーンの基本的発想は破綻し、「事実」や「自我」の世界は大幅に矮小化しました。肥大化した情報と経済の仮想空間は、私たちの生活に不可避に広がりつつあります。戦争は、つねに社会のあり方を先取りし、病はつねに社会のあり方を映す鏡なのです。私たちは自分たちのこころを多元化して、自分と他者の境界線をボーダーレスにして、ミニマムなレベルで、ゆるやかなネットワークとしての「自分」を維持しながら情報の海に対応していかなければならなくなりました。境界例や自己愛人格障害は、確かに私たちのこころが、環境との戦いに敗れた例です。でも同時に、この障害のあり方はこれからの社会、未来において必要な自己のあり方を示唆しているのです。

変な話ですが、こうした人格障害などの病は、人を困らせる、そんな病気です。多重人格はもともと人から傷を受けたという経歴から、内面にどうしようもない怒りを抱えています。そのための人格の乖離なので、人を無意識に困らせるのは当然なのでしょうが、環境に対して人格が乖離を起こしてしまうので、治療する側を含めて、周りの人たちは大変です。何しろ人が変わってしまうのです。また境界例は衝動的になって、人にしがみついたり、その人を攻撃したりしますから、周りの人たちが困ります。特に親密な人が困るのです。自己愛人格障害は閉じこもっていて、しかも傷つきやすく尊大なので、非常に敏感なガラス細工のようで、周りの人たちをぴりぴりさせます。こうした障害は、神経症の人たちのように自分のことで悩むよりも、人に自分の気持ちや状況を委ねることで、人を困らせることで、人格を維持しているという側面があります。この概念そのもの、そして病名が治療者にとって「大変だ」ということの医学的な専門用語であり、大変さを言葉にするために作られたといっても良いのです。ですから「あなたは境界例です」と患者に言えば、それは悪口ですね。

情報空間で、私たちを困らせている人たち、これは一言で言えば、ハッカーたちです。彼らはトリック・スターのようにして、情報空間に入り込み、それを改変して、人々を困らせます。先のアダムスの本には、サイバースペースがいかに重要な戦場になっているのか、描かれていますが、ハッカーの例は国家対国家というレベルではない、という意味で、本当に困った一種のテロという感じがします。例えば、シニッファー・プログラムというのがあります。このプログラムはコンピューターに取り付いて、アクセスするキー入力のストロークを記録してその情報を入手できるプログラムです。一九九四年にニューヨーク州の空軍基地のコンピュータープログラムの中で、このプログラムが発見されました。このシステムは空軍の研究所に繋がっている全体的なシステムの一部で、人工知能をはじめいわゆるトマホークなどの誘導システムの研究をはじめとする非常に高度な軍事情報がそこでやりとりされていたのです。その高度に気密性の高い軍事情報にネットハッカーが侵入し、捜査は難航しました。侵入したハッカーのグループは巧妙に、世界中を行き来しながら姿を暗ましていました。たまたまコードネームを発見したことが幸いして、コードネームをあらゆるソースを通じて探す作業が続けられました。コードネーム「データストリーム」―「クジ」、そして行きついた先は、十六歳の少年リチャード・プライスでした。彼はハッキングを通じて北朝鮮の情報を入手していました。

こうした少年たちはおたくと呼ばれているような、そんな社会的ひきこもりの子どもたちです。社会的な引きこもりは実際、増えています。この状況は確かに、現実社会から撤退しているという意味で、病気という側面があります。もちろんミクロとマクロに分けて考えることができます。ミクロレベルでは、共同体の喪失以降、母子という家族関係が人間関係の基盤になり、子宮内家族状況のような「引きこもり」を起こしているという社会の精神構造を反映しています。引きこもりにはそれを許す家庭環境と、それを選択する大人や子どもたちがいますが、その双方の需給関係が一致している場所で起きているために、多くは顕在化しない例が多いのです。それでも実際、おたくは増えています。そしてまた、マクロレベルで言うと、情報化社会という非常に大きな社会経済構造の変化は、引きこもりが必要な精神状況でもあるのです。つまりコンピューターのおたくたちは、たいていが引きこもって、ディスプレイを前にして、バーチャルな広い世界と、ビットの世界で繋がっているわけです。ハッカーたちは引きこもった少年たちです。確かにテロです。でも二十世紀のテロのように、真面目なイデオロギー対立が問題ではないのです。彼らの多くの動機は好奇心であり、情報の海を泳ぎながら、そこでほとんど信じられないような大きなシステムすらも、「遊び場」にしてしまう。そしてこれが、今の、そしてこれからの人が否応なく選択せざるをえないライフスタイルであります。この空間は「遊び場」であって、同時にこころの戦場なのです。

注

（1）Ｐ・ラインバーガー（一九四八年）『心理戦争』須磨彌吉郎訳、みすず書房、一九五八年。これは心理戦争の基本的なテキストである。

（2）岩島久夫『心理戦争』講談社、一九七三年。絶版になっているが、日本では唯一、公刊されている教科書としての心理戦争概論である。

（3）Ｌ・ファラゴ（一九五四年）『知恵の戦い』日刊労働通信社訳、朝日ソノラマ文庫、一九八五年。小説仕立てであるが、大戦時の情報戦争の局面を描いている。

（4）R.E.Summers (1972). *America's Weapons of Psychological Warfare.* Arno Press.

（5）Ｏ・トムソン（一九七七年）『煽動の研究』山縣宏光ら訳、ＴＢＳブリタニカ、一九八三年。情報操作の歴史的展望。

（6）W.E.Daugherty and M. Janowitz (1958). *A Psychological Warfare Casebook.* Arno Press.

(7)　A・ヒットラー（一九二七年）『わが闘争』平野一郎ら訳、角川文庫、一九七三年。
(8)　L.Farago (1942). *German Psychological Warfare*. 1972:Arno Press.
(9)　森伸一『絶対の宣伝』第一巻から第四巻、番町書房、一九七九年。ヒットラーらの仕事を描いた本は多いが、本書は手に取るようにその仕事の成果を概観できる。
(10)　K・v・クラウゼヴィッツ（一八三一―四年）『戦争論』篠田英雄訳、岩波文庫、一九六八年。
(11)　妙木浩之、イマーゴ誌創刊号、一九九〇年、青土社。日本陸軍の心理戦争の発想、それがある時から精神主義に変化してしまったプロセスについて述べた。
(12)　P・ドラッカー（一九三九年）『「経済人」の終り』上田惇生訳、ダイヤモンド社、一九九七年。
(13)　妙木浩之『父親崩壊』新書館、一九九七年。
(14)　J・J・グー（一九八四年）『言語の金使い』土田知則訳、新曜社、一九九八年。彼にはフロイトとマルクスを同じ平面で論じようとした野心作があるが、本書が唯一の邦訳である。
(15)　佐藤昌盛『摩擦と革命』文藝春秋社、一九九〇年。
(16)　M.I.Handel (1986). *Clausewitz and Modern Strategy*. Frank Cass. クラウゼヴィッツを現代的に読み直そうとした本。
(17)　吉川元忠『マネー敗戦』文春新書、一九九八年、は日米関係の歴史から論じている。あるいは副島隆彦『悪の経済学』祥伝社、一九九八年、はエクノ・グローバリストという一群の金融マフィアのような人たちの覇権主義が今日の金融を牛耳っていると言う。また板垣英憲『国際金融資本の罠に嵌まった日本』日本文芸社、一九九九年は、ソロスなどの国際金融資本の全体像を描いている。

(18) スーザン・ソンダグ（一九八〇年、一九八五年）『隠喩としての病、エイズとその隠喩』富山太佳夫訳、みすず書房、一九九二年。本書は以前の本と最近の本の合本である。
(19) S・L・ギルマン（一九八五年）『病気と表象——狂気からエイズに至る病のイメージ』本橋哲也訳、ありな書房、一九九六年。
(20) 妙木浩之『心理経済学のすすめ』新書館、一九九九年。
(21) 岡野憲一郎『外傷性精神障害』岩崎学術出版社、一九九六年。
(22) J・F・マスターソン（一九八一年）『自己愛と境界例』富永幸佑・尾崎新訳、星和書店、一九九〇年。
(23) J・アダムス（一九九八年）『21世紀の戦争』伊佐木圭訳、日本経済新聞社。

第三章　「もの」と「こころ」

1　心身症という病

ここでは身体＝「もの」とこころの関係についてお話ししておきましょう。精神の病の領域だけでなく、身体医学の領域でも「こころ」と「もの」が不可分になってきました。心とものとの関係はつまり心と身体の関係と考えることができますが、心のあり方は現代に入って変貌を遂げてきました。例えば、病気について考えてみましょう。オシャーソンとアマラジンガムが指摘していますが、近代の医学は十八世紀から十九世紀にいたる実証主義的な科学主義に基づいていました。その基底

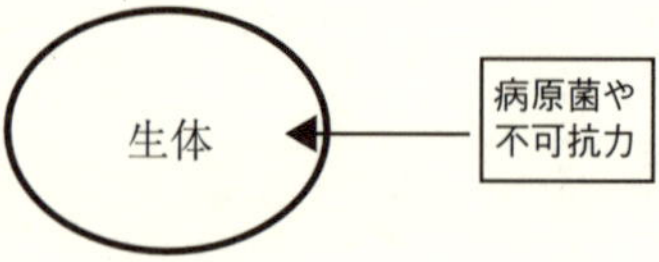

(a) 感染症モデル

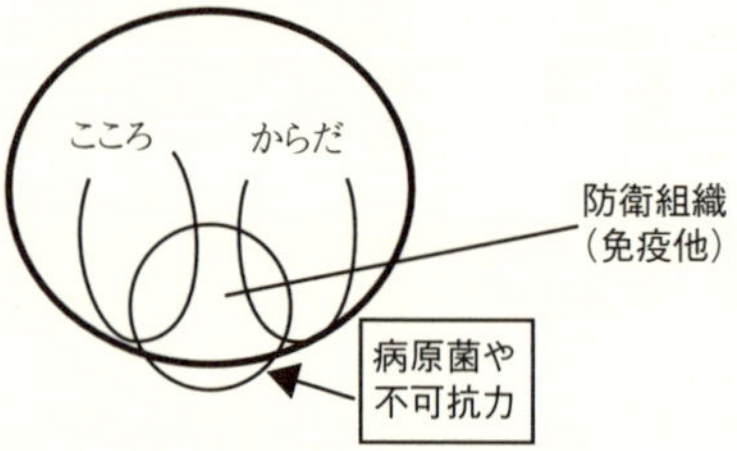

(b) 自己-免疫モデル

図5　病気と医療の基本的モデル

にあるのはラ・メトリ(一七四二)が『人間機械論』で描いたように、「身体」さらには「人間」が機械のようなメカニズムをもっているという考え方です。そしてその基本的なパースペクティブに基づいて、細胞の発見や細菌医学の急激な進歩によって、病気の疾病観は劇的な成果をあげてきたのです。この考え方によれば、病気には身体的に明白な原因があり、その病因が外から人間を襲って病気を発生させます(図5)。このモデルは共同体とその外部といった形に似ているのですが、そのためその治療は、身体的な原因を追求し、診断し、それに対処することです。野口英世博士のように病原菌を発見して、それを根絶するそんな姿が医学の有るべき姿だったのです。ここでも身体は物で、「こころ」

の入る余地はきわめて二次的なものでしかありませんでした。

とはいえ、この疾病観は現代において徐々に変化しつつあります。ソンダグ（一九七七）が述べているように、この変化は結核のメタファーから癌のメタファーへ、そして最近ではエイズのメタファーに代表されます。言い換えれば、感染症のモデルから免疫症のモデルへの変化です。私なりに解釈するならば、病気がどのようにして外から襲って来るかよりも、患者、病者という主体や「自己」が病気をどのようなメカニズムで発生させるか、という視点に移ってきているのです。感染と予防とが相互に影響を受けるモデルに変化しているという言い方ができます(1)。

この点で「心身症」という概念は非常に興味深いものです。内科の一部に心療内科という精神科でも内科でもない科ができ始めていますが、そこは心身症を治す科です。簡単に言ってしまえば、心身症とは「こころ」と「からだ」が相互に影響しあって現われる病気のことで、現代人のほとんどがその症状をもっていると言われる神経性胃炎にはじまって、癌などの致命的な疾患を含めて、こころの影響が無視できない病気のことです。精神分析家のアレキサンダー（一九五〇）やミチャーリッヒ（一九六六）が指摘しているように、「心身症」という疾病概念は、従来の精神医学と身体医学を橋渡しするとも、その間の鵺《ぬえ》のような存在だとも言えるでしょう。いずれにしても新しい医学的なパースペクティブがここにはあります。図5にあるように、(a)から(b)へとモデルが変化するにしたがって、病気のなりやすさや予防を含めて、身体の自己組織化までをモデルにいれる必要が出てきました。特にエイズなどのように免疫システム自体を攻撃する病気が感染症として登場してきたのです。さらに最近では免疫システムのレベルで心が変化を引き起こすという視点が、導入されています（ロッシ、一九八六）（2）。癌とこころが関係あるとまで言うわけです。

疾病観における「心身症」という分類を理解するためには、セリエ（一九五六）によって作り出された「ストレス」という概念が非常に重要ですが、このストレス概念は「心身症」と同様になかなか面白いものです。彼セリエの言い方によれば、「ストレス」は「生体システムのなかのあらゆる非特異的な変化からなる特異な症候群で表された状態」で、簡単に言えば「生物が何らかの有害な状態におかれると、生体全体が反応してそれに適応しようとするので、そこで特定の形で身体的な症状が現われる」のです。これをセリエは「全身適応症候群」と呼んでいます。身体が刺激に対して全体的に反応する、脳と身体とを横断する形で自律神経系、内分泌系、免疫系のそれぞれがストレスに対して全体的に反応するというのです。つまり「心身症」は、単なる心が影響している体の病気というだけでなく、生体が生きている環境に対して、その傾向と対応のパターンに応じて生じると言っているのです。

こうして「こころ」と「もの」の関係は切っても切れないような入れ子構造になりつつあります。理由は本書全体を流れている、つまり社会経済状況の大きな変化が起きたためですが、それを理解していただく前に、ものと心の関係をさまざまな理論や仮説を概観して見つめなおすという作業をしようと思います。前提となっている疑問は、「心」だけを切り離して「もの」とは別だと考え易い、つまり私たちは心には独自の動き方があると考え易い、でも本当にそうなのかということです。「心身症」や「ストレス」という概念がそうであるように、どうも、どちらか一方が別々に作用しているという発想は、曲がり角に来ているのです。確かに認識、知覚には独自の法則があるように見えるし、その方が便宜的なのかもしれない。錯覚や擬似知覚といった問題があるにしろ、でも知覚に限っていえば、必ずしもものとは別個に「見え」があるんだとは考えなくても良いと考えている人たちは意外に多いのです(3)。ただこれが思考あるいは理性、合理性の問題になると、思考とものの動きは違うんだ、理性と感情は別物だと誰もが思いやすいのです。

2 他人の心を理解する言葉

おそらく他人の心をどのようにして理解するのか、ということとどのように心を語るかということとは密接に関連しています。心身問題や言語分析の問題と、「こころ」と「もの」の関係とは密接に関連しています。思考実験をしてみましょう。ごく普通の日常場面に、ある人物Xがいるとします。その人は、もしこちらがその人の気持ちや状態を聞けば、自分について教えてくれるという場面を想定してみるのです。そこでXを理解する、例えばXの気持ちが分かるとかXの内的体験に近づくということはどういうことでしょうか。もしあなたが彼については何も知らない聞き手だとして、あなたは、いろいろと質問して本人からその人について聞けば、その人は一応率直に応答して、こちらの聞くことに対して心よく答えてくれるとします(4)。もちろん「懐疑」が前面に出れば、そうした気前の良いことを人間関係で前提にしてもよいかどうか分からないのですが、まず第一歩、思考実験としてそう考えておくということです。その場合、そこでは大まかに言って、その人物について理解する視点には、二つの理解の仕方があると考えられます。

視点(1)X本人の言った言葉をまとめていって、その内容をまとめた結果「Xは……である、そして……である等」とか「Xは……等という状態にある」とか言う見方。

視点(2)Xについて、彼が質問に答えている状態や状況、表情や言い方を含めて観察して、聞き手や第三者が「Xは……である、そして……である等」とか「Xは……等している」と言う見方。

前者は、「あの人は公務員です」とか「あの人は既婚で子どもがいる」「趣味はファミコンだ」といった報告で、その言葉はどれも、命題の前に「Xは言っている(X SAYS THAT……)」という句がつく埋め込み文になるはずです。というのも、X本人の言ったことだから。そのため視点(1)の文が述べている意味内容は、Xの心的態度である意図や認識、信念に依存して決まるので、論理学では命題的態度と呼ばれるものを考慮する必要があり、一般にこの文は信念文と呼ばれています。少しばかり論理的な言い方をすると、この文にはいわゆる様相（認識）演算子が付けられるのです。

ただW・V・O・クワインが指摘しているように、この文はやや厄介な問題が起きます(5)。「信念のパラドックス」と呼ばれるものです。このパラドックス、例えば、埋め込みの部分にf(p)=「地球は四角い」という文を入れれば分かります。信じているのは事実なので、その文は本当です。でも述べている命題「地球は四角い」は明らかに間違っています。だからどちらが真かは、この文からは判断できません。信用しなければどこまでも信じられないという問題が発生するのです。信用が重要な時代だと、第一章でお話ししたときに、このアカデミックな問題はとても大きなものです。気前良く、素直に聞いたはずなのに……。論理的に言って、このパラドックスは事実に関しては真偽は問えますが、その信念について真偽を問うことが原理的に難しいために生じるのです。この命題 f(p)が偽であっても、信念文が「思っているなら」真。言い換えるなら、Xがそう言っているからといって、すなわち彼の内的状態に依拠して、その命題の真偽を判断していいのか、という疑問が生まれるのです(6)。信用は、難しいことです。しかし信念文における問題は、この論理的な困難だけではありません。後に述べる日常言語（オックスフォード）学派の論者たちが述べてきたように、意味とは別に意図というもの、指示とは別に言及する行為そのものを俎《まないた》にのせるとするなら、そもそも言っているということがただ単に「意味している（X means that……）」（事実確認的）ということを指しているだけではなく、「言うことによって」人を動かしたり、さまざまな言語行為というものをしているのです（行為遂行的）(7)。そのため、たとえグライスの原理を守っていても、コミュニケーションや伝達ということをぬきにして信念文を語れない以上、埋め込み文の意味内容の理解は難しいでしょう。その発話が行われた時の本人の状態、状況、つまり使用の文脈が考慮されない限りはf(p)が嘘を意図したのか、昔の人が考えていた事実について言ったのか判断できない限りは、理解しきれないのです。もっとも（1）の視点をそもそも問題にしない、つまり信念の真偽を問わないで、事実だけを問題にするというステップを踏むこともできます。でもその後のクワインがそうであるように、そもそも心の問題を（行動主義的に）扱うと、話が妙に簡潔になるか、錯綜してくるかのいずれかになりがちです。実際、Xが言っているということがすべて信念として正しいから、あるいはXが本当だと思って言っているからと言って、日常場面で私たちがその言明を全て信じられるかと言えばそうではないのと同じです。反対に、ある程度はXの言明が本当だと思っていないと、聞き手はその言葉を聞く気も起きないものです。嘘だと思って聞くのも変ですし、疑いながらその人の話を確かめているというのも変なコミュニケーションです。このように、他人を理解する場合には、要求される文脈依存性というものがあって、Xの言っていることにせよ、その信念にせよ、その信念と意味内容との関係にせよ、話者を聞き手が信じている側面は不可欠です。基本的信用とでも言いましょう。

では、視点（1）に対して、後者の視点（2）はどうでしょうか。第三者的視点に立って、Xの立ち振る舞いに焦点をあわせて記述しようとしているので、それは報告文になります。一応、Xの心的態度というものに依存していません。一部の行動主義者たちが解釈していたように、もしある人物を理解するという言葉が、その人の言っていることを含めて、行動全体を客観的に観察して解釈するということを意味するならば、私たちの人間関係やものの理解において、視点（1）は問題になりません(8)。一時期のウィトゲンシュタインがそうであるように、ある人の立ち振る舞いを問題にする限りは、（1）の視点は視点（2）のそれと同様の見方です。心的態度とは、行動の特性を集合として表現されるので、それですむのです。この語り方には、人の心を扱うには、その外見から見える行動を扱えば事足りると考える発想があります。「もの」の動きがイコール「こころ」であるという考えです。言っていることは言語行動、信じていることは信念行動、といった形ですべては行動の一部と考えてしまえば、「こころ」に残る余剰分はないのです。

でもこの視点（2）の線に沿って、議論をさらに先に進めると、そこに分岐点があるように見えます。片方の道は、イギリスの日常言語学派の代表ライルがそうであるように、たとえ心的なものと物理的なものの違いが言い方の違いであっても「心的なもの」を表現する必要があるし、そのための言葉の分析が必要であると考える立場です(9)。その場合「心的なもの」を表現するのは、多くの場合、日常言語です。つまりXがどのように振る舞ったのかを記述するには、日常語が不可欠であると考える立場です。そしてもう一つの道は、心的なものは物理的なものと同じ言葉で語られるであろうし、その必要があると考える立場です。多くは物理語への還元を目的とした物理主義的な考え方です。「見えた」「感じた」を全部「脳神経xが視神経の画像から刺激を受けた」とか「脳神経yが興奮した」とか言い換えるのです。その最も極端な立場はD・M・アームストロングやJ・J・C・スマートの心脳同一説でしょう(10)。彼らによれば、日常的な現象語はすべて物理的な言葉に翻訳でき、その言葉はすべて脳過程によって語られると考えられます。この二つの立場は、言葉の使用とその意義に関して対立とまではいかないまでも、異なる結論に至るものです。この二つの分岐点の中間には、H・ファイグルのように、経験や私秘的な体験に使われる現象語と、推論に使われる物理語との間にちょうちんのようにぶら下がっている領域を設定して、それらに跨がって言葉があると考える立場もあります(11)。ちょっとあいまいな部分もありますが、なかなか説得力があります。

さていずれにしても他人の「こころ」を理解するという場面について、私たちは三つ(見方によっては四つ)の言葉に対する態度をもっているように見えます。それは、次のようにまとめることができましょう。

他人を理解する場合に用いられる言葉に対する態度として考えられるのは、

ａ　ある人物の心的な態度を含めて、その人を理解する場合には言葉の使用についての理解が必要であり、その場合の言葉はその人の内的状態を表す。

ｂ　ある人物の心的な態度は基本的に物理的な態度と同じものであり、それは言い方の違いである。言葉はその双方を表現する。

ｃ　ある人物の心的な態度と呼ばれているものは、全てその人の（脳の）物理的な状態や過程を表している。言葉は将来的に（科学の進歩とともに）物理語に翻訳される。

この三つの分け方によると、ａの見方を取ると語ることが「こころ」を理解する唯一の方法という考えに傾きやすく、ｃの見方を取ると物理、「もの」によってだけ科学が可能であるという考えに傾きやすいのです。でも心理経済学という領域から見れば、これは視点の移動によって見方を変えたものです。おそらく前者ａに傾けば、それだけ、状況や文脈を考慮する文脈依存性が重視され、後者に傾けば、それだけ、推論によって一義的に決定される文脈自由な普遍性が獲得されることが期待されているのです。つまり言葉で「こころ」を語る場合は「もの」の物理語で語る場合とは、読み手が違うのです。このことはファイヤアーベントが指摘していることですが、物理語は科学者集団というジャーゴン（俗語）を使う集団を読者としてもつという前提があります。一方、普通の言葉、つまり日常語は大衆という読者をもちます。消費の対象が異なっているのです(12)。

ですから、この思考実験から導き出される違いは、視点の違いです。「こころ」に傾く視点と「もの」に傾く視点があるのです。おそらく視点（1）と視点（2）の違いが、この傾き方に大きく影響しています。ではこの二つを相対的に文脈に依存して語り方がaからcに変わるという理解に基づいてものを見ている、そういう視点はどんな視点なのでしょうか。おそらく語る人と語られ方を同時に見る、観察者＝参加者の視点です。この語り方は、「こころ」と「もの」を同一線上に置いています。

ただこの視点は実は意外に難しい問題を持ち込むことになります。これを難しい表現を使えば、自己言及性の問題とかゲーデルの問題ということになるのでしょうが、視点（1）や（2）のように見ている人の視点を考慮に入れないと問題にならなかったことが、つまり誰が誰に伝えているから、こういう言い方になっているんだ、という問題が浮上して来るのです。例えば、物理語については次のような問題です。

① 理想的な物理語があるとする。一見すると、そこで語る言葉は文脈から影響を受けないように見える。だがそこで語っている人の視点を入れると、語っている人が使っているうちに「ごはんを食べる」とか「私があなたに……した」といった相互関係の中で、否応なく、文脈化されてしまう。その時理想的な言語が、個人的な色彩の強いものになってしまう。

② 理論的な、あるいは物理的な語り方で日常的な使用法が消去されたとする。「私は……というふうに感じた」と言わずに、「神経aが刺激を受けた」という言い方に変わる。日常生活の中で「気持ち」や「思い」といった「こころ」は、すべて物理表現に取って代わる。だがその表現は、やはり相互関係のあり方を伝えているならば、誤解や誤謬を孕んでいるはずである。そもそも冗長性は伝達の基本であり、コミュニケーションに不可欠である。物理語がコミュニケーションとして使われる限り、誤解や錯誤の役割は無視できないので、物理的な語り方で今度は誤解や錯誤を理論化する必要が出てくる。そしてそれは永遠に続く。

この二つの論点の前者は意味の個人付与の問題、後者は誤謬の問題です。そこでもう一つの視点、第三の視点（3）を考えねばなりません。視点（1）（2）で問題化されるような余地こそ、コミュニケーションに不可欠だという理解を含まねばなりません。

そもそも今まで私たちは、理論が日常語と、科学像が常識と、あるいは「もの」が「こころ」とどのように対応するかを、視点（1）の内観報告と、視点（2）の行動観察という二つの方法によって考えてきたのです。この最初の設定では、観察者は透明な視点です。そもそも観察者が、そこでコミュニケーションする人であったら、という仮定そのものがありません。つまりそこには報告される、あるいは観察される側の視点しか含まれておらず、語りながら見る側の視点がぬけています。逆に言えば、この視点さえ棚上げしておけば、日常語と物理語、常識と科学、あるいは「こころ」と「もの」の間にある種の循環を起こさずにいられます。一方では主観的な表現を、他方では客観的な表現を保持できる、と言うこともできます。「内」と「外」とが相互に入れ子構造をしていることを棚上げするには、「内」か「外」かというどちらかの視点からの理論が必要なのです。

例えば、「心は物理的なものである」、と、考えてみます。あらゆる感情や思考は、行動として記述できるので、行動主義の原理で話をまとめられるとします。でも観察者＝参加者という視点を含めてみれば、その人が誰に対して何のために（主体と効用）そう考えるか、ということを考えずにいられるでしょうか。仮に行動主義的に記述する人が、経営者であるとしたら、従業員たちを行動主義の言葉で記述して、彼らを強化する、条件付けするといった言い方は比較的簡単です。行動を強化するのが、「鍛える」という意味になります。でも従業員たちはいい迷惑でしょう。強化のスケジュールが行動主義的に行われることが、あまりにも非人間的だと思っている人がそのなかにいて、だいたいそういう議論は「こころ」をもののように扱いすぎだと思っているからです。ただ従業員という立場が、それに対する反論を不可能にしているのです。後はこの従業員が労働組合を組織して、行動主義的なスケジュールに反対する立場をとることになり、経営者の語り方は難航するようになるでしょう。そもそも別の語り方をされた時点で、行動主義の議論にはついていけないと考えた、多くの従業員たちがいることを、はじめて観察者である経営者は知るのです。

理論や言葉のあつまりは、誰が誰とどういう関係にあるかという視点を無視しては、成り立ちません。そこには社会経済状況、つまり誰を話し手として誰を聞き手とするかという状況があるのです。「こころ」ある理論と言葉、「もの」を重視した理論と言葉は、そうした議論を支える枠組みによって、つまり語り手の関与によって左右されるのです。すなわち、心理経済学的な議論は、

視点（3）誰が誰に対して、どのような状況でXについて語るか、X本人と語り手との関係を考慮しながら、「Xは（私にとって）……である」とか「Xは（私と）……している」と言う見方

誰が誰に……という、需要関係を配慮することが不可欠なのです。視点（1）が正しいとか、いや、視点（2）が正しいと言うより、視点（3）を通じてみると、視点（1）に傾きやすい理由、視点（2）に傾きやすい理由があるということです。そしてその理由は需給関係、ひいては社会経済状況にある、というのが本書の主張です。

3 「こころ」の行方

「もの」に傾きやすい議論、これを機能主義的な議論と仮に呼びます。呼び方は何でもよいのです

が、数式や物理語で表現することを好む議論のことです。「こころ」に傾きやすい議論、これを表象主義的な議論と仮に呼びます。これらの需給関係は、視点（3）を含めて考えるとどうなるでしょうか。

先の経営者＝行動主義者というのは実は非常に分かりやすい例です。行動主義はワトソンやスキナーという天才たちがアメリカのアカデミズムで活躍したために、二十世紀の心理学の一大潮流になりました。この発想に基づいた行動療法という治療法がありますが、これは「もの」＝物理＝行動という目にみえて分かる部分を治療の指標として使い、あと「こころ」の部分をブラックボックスにしておく治療法です。ここではインプットとアウトプットを主に扱うということですから、結果が非常に重要です。そんな見方を観察者がしやすくなります。この観察者が参加者だとすると、結果を重視するマネージャー的な人になるわけです。

では反対に表象主義の代表的な心理学である深層心理学、特に精神分析はどうでしょうか。表象主義の場合、これは歴史ということと不可分です。というか「もの」に傾く語り方が脱歴史的なのに対して、表象主義的な「こころ」に傾く語り方は多分に歴史的です。この二つの語り方は、いろいろな語り方をされてきました。確かに精神分析の起源を辿れば、おそらくメスメリズムやもっと古く古代のディオニソス信仰にまで遡れます。というよりも、無意識を知るという点だけで、精神分析の起源を探していけば、どこまでも遡れる、この点はL・ホワイトが『フロイト以前の無意識』

で書いているとおりでしょう(13)。ただフロイトの精神分析を「心の深層」を取り扱うという点で、きわだたせているのは、それを表象システムとして取り扱ったことです。そして、世紀末に登場した多くの思考は、そうした表象システムとしての原理と規則に関する発想を、たとえ相対主義的な形であるとしても、もっているのが特徴です。当時、フロイトの周辺、精神分析が登場する環境の周辺を見てみると、そのことがはっきりします。

一八八三年はマルクスがロンドンでなくなった年ですが、フロイトが医師としての訓練を続けて、マイネルトの精神病理学臨床教室へ移った年です。二十七歳ではじめて実家を離れて一人暮らしをしながら、恋人のマルタへの愛を実らせようと努力していました。また一八八二年には、精神分析の出発点であるとフロイトが述べたことで有名な「アンナ・O」、後にフロイトと共著で『ヒステリー研究』を刊行するブロイアーが、その「アンナ・O」ことベルタ・パッペンハイムの治療を行って、手こずっています。フロイトはその年の暮れにブロイアーからその症例の話を聞いたといいますから、マルクスが亡くなった年はフロイトが精神分析的なまなざしをもち始めたときで、一八八五年にはパリへ留学し、シャルコーに師事して、彼にアンナの話をしています。その間コカインを医学的に利用しようとして大失敗、友人を廃人にまでしてしまうという話があります。さてここが重要なのですが、一八八六年にフロイトは「経済的な理由」からアカデミズムを去り、医師として開業の道を選び、そして長い間の婚約関係の末にようやく結婚しています。深層心理学をはじめとして、マルクスもそうですが、ここには経済的な苦境がフロイトの人生を大きく変えました。周知のことながら、フロイトがアカデミズムから阻害されていたという話は、彼の英雄談としてしばしば語られる神話です。でもアカデミズムから追われたかのように「やむを得ず」開業を選んだ、この選択そのものが精神分析の登場を準備したことは確かでしょう。マルクスの場合にはこうした社会経済的な事情から、革命に共感したのでしょう。

同時代、まったく異なる文脈ながら、一八八八年にはシュタイナーがウィーンのゲーテ協会で講演し、その後自分の人生を決定するようなゲーテの自然学への研究に没頭していきます。シュタイナーの神秘学が体系化する出発点です。彼の思想は表象主義をさらに粉飾させた神秘主義です。一八八九年はパリの万国博覧会の年ですが、エッフェル塔が登場する、この博覧会が美術史上で果たした役割がきわめて大きかったことは、『スキャンダル美術史』に書かれています(14)。さらに思想史では、この年イタリアでニーチェが倒れ、「進行性麻痺」で精神病院に入院しています。一九〇〇年八月にニーチェは亡くなっていますが、彼が思考を停止してしまった年がテクノロジーの祭典であるパリ万博の年であることは偶然にしても興味深いものです。ニーチェの思想は、その後さまざまな形で現代思想に流れ込みます。

4 表象主義の背景

一八九二年にフロイトは、催眠療法からはじめて離脱して、精神分析的な治療の最初の患者である「エリザベート・フォン・R」嬢を治療しています。さて催眠療法と精神分析の違いは、医療史のなかで大きなものです。催眠療法が従来の医療と同様に治療者が「上から」施すものなのに対して、精神分析の自由連想法はクライエントを寝椅子に横にさせるという従来の催眠療法の治療空間を維持してはいるものの、クライエントの言う連想の言葉にただ耳を傾けるという意味でクライエント中心の治療様式だからです。一八九五年七月二十四日、フロイトが「イルマの夢」を見て「夢の秘密」を解明しつつありますが、この夢分析の方法はほぼ自由連想法のそれと同じやり方を自分に施したものです。そもそも一八九六年にはフロイトの父親が亡くなり、その喪失を埋めるようにフロイトの自己分析が本格化した結果ですが、自分の夢を分析することで精神分析が体系的な姿、システムとしての無意識の姿を現し始めるのです。

別の文脈ですが、一八九七年にはデュルケイムが『自殺論』を刊行して、次の年にはフランスではじめての社会科学の講座の正教授の椅子に座っています。社会学というシステムが登場するのです。表象主義というよりも象徴主義ですが、芸術の文脈では、一八九八年はクリムトらがウィーン分離派を形成して、これまた大きな美術史の流れを作り出します。何とも学問にせよ芸術にせよ華やかな象徴の歴史ではないでしょうか。一八八五年から一八八九年に「神経症の原因としての性」をはじめ、「隠蔽記憶について」など優れた小論がフロイトの手によって書き上げられていきます。そして、一九〇〇年、夢の自己分析の集大成である『夢判断』がついに出版されるのですが、同年は、スイスでユングが医者としての仕事をブルクヘルツリで始めた年であり、フッサールの『論理学研究』が刊行されて、次の年にフッサールはハレ大学からゲッティンゲン大学へ招聘されることになり、そこで、「現象学」が熟成されることになるのです。

それにしても「マルクス主義」「精神分析」、さらには「現象学」までを含めて、これら今日、大文字で語られるような学問の一大潮流が、世紀末に集中して現れていることをどう考えればいいのでしょうか。おそらくその背景についての一つの答えは、産業革命以後物理的テクノロジーの発達によって出来たコスモポリタンなネット、経済的な交通の接点という点にあると思われます。当時のマネー・センターはロンドンでした。産業革命を通じて、十八世紀から十九世紀の間に人口が三倍になり、かつては五万人以上の都市は二つしかなかったものが、三〇近くになっています。イギリスでの国民所得も一八〇〇年から一年ごとに倍近く増加し続けるのです。エンジンや蒸気機関といった力動エネルギーの倍増は象徴的です。その結果、ヨーロッパは交通の流れ、物流が加速していったのです。

フロイトが青年期を過ごしたヨゼフの治世、ウィーンは人口が二倍近くふくれあがり、ヨーロッパの工業の拠点となって、銀行が進歩しました。その結果、ウィーンには大きな公共建築が次々に建てられて、一代で巨額の富を稼いだユダヤ系の富豪たちの家屋と混じって独特の景観を呈していました。つまりヨーロッパ全土に、イギリスを中心地として大きな交通網が出来上がり、そんな中で、こうした今日大きな物語を作っているさまざまなパラダイムが芽生えたのです。もちろん当時の知識人界のなかで、そうした知識体系は、それほど大きな物語ではありませんでした。フロイトは、セクソロジー学者や心理学者の中で認められ、しかも既成の古い価値観を破壊する思想として、ラディカルな発想をもつ多くの人々に共感を呼んだことも事実です。でも、F・サロウェイが『心の生物学者』の中で書いているように、フロイトの思想の多くは当時の自然哲学的な生物学、あるいは初歩的な進化論と性科学を組み合わせてみればできてしまう思想のシステムでした。

またフロイトの文章が美しく、アインシュタインにも絶賛され、ゲーテ賞をとったほどのものだったことは、今日の英米の精神分析家の殆どが実感していません。むしろそのことが今になって、ドイツ語が読める分析家たちによって注目されているくらいです(15)。フロイト思想が広まったのは英訳によってでした。美文によるパーフォーマンスだけで、一思想家の言葉は、大きな物語を作ったりはしなかったのです。確かに「心の深層」を語る文学者たちは増えましたし、ウィーンのルー・サロメ、フランスのマリー・ボナパルト、そして時代を下ってD・H・ロレンスなど、この「深み」

は文学者たちの格好の話題になり、ダリをはじめ芸術家たちの興味の対象でした。けれどもそうした単発の、ヨーロッパ内部だけの話題ならば、それほど厳密な一貫性のあったわけではないフロイトの議論は、大きな物語にはなりにくかったのです。「心」に「深さ」が必要になったのは、むしろそれは社会からのプラグマティックな要請です。ですから、「心の深層」を公の声で語り、あるいは語りたくなるためには、それが文学的なものだからという理由だけでは、不充分で、社会の側の要請とそれを語るストーリーテラーの両方向の線が交わる点、出会いによる錯覚の瞬間が必要でした。表象システムとしてのモデルが必要だったのです。

ここで私たちはウィーンを離れなければなりません。いや離れるというよりも大きな戦争があったために、フロイトがそうだったように精神分析家たちが皆、ここを離れるのです。マルクス主義者たちは、もっと早くから後進の農業国ロシアに向かって流れていましたが、精神分析家たちは一路アメリカに向かって流れていきます。第二の民族大移動。

ただその前に指摘しておきたいのは、フロイトが考えた「心の深層」のモデルが、初期においては動力学的で、それがメタ心理学的なシステムに移行するに従って、きわめて映像的なものに変化しているということでしょう。『自我とエス』においてフロイトは自我と超自我を心の中に住んでいる「こびと」であるかのように語っています。つまりより表象主義的になり、心をさまざまなこびとの競合と勢力争いのように語る、そのシステムは後に対象関係論に発展します。このモデルは単純化すると、図6のように、異なるサブパーソナルなものの葛藤、言い方を変えれば、覇権争いのように見えます。もしさらに単純化してみたい人には、ロシアに流れたマルクス主義者とアメリカに流れた精神分析家たちの姿は、後の冷戦自体の覇権争いを暗示するかのようにも見えることでしょう。

5 アメリカの精神分析

経済的システムでも、第一次世界大戦から第二次世界大戦の間には、ロンドンとニューヨークの間の覇権争いが起きていました。次第にマネー・センターはニューヨークへと移行しつつありました。「戦間期にニューヨークは外債発行でロンドンを凌駕した。一三年と二九年の二時点で見た米国の外債保有……の増加は……（ロンドンの）二倍以上の開きがあった。……ニューヨークが経常収支の大幅な黒字を抱える米国のセンターであったのに対して、大戦後のロンドンは他の金融ファシリティが揃っているとしても肝心の資金が枯渇していたからである」(16)。そして、大戦前に破門された精神分析も、アメリカで成功していました。ユダヤ系の移民の多くがアメリカを希望の大地として目指したのは、経済的な可能性が背景にあって、余剰の方へ、生活の希望を求めて移動していったためでした。マネー・センターがヨーロッパからアメリカにシフトし、見方によっては、大恐慌もマネー・センターの移行に伴う変動の大きな揺れだと考えられます。そしてドイツをはじめ、帝国主義の台頭はその移行をくい止めるための小国の覇権主義的な努力だったわけですが、その闘いの結果は悲惨でした。そして第二次世界大戦におけるヨーロッパの荒廃のために、その移行を決定的にしてしまいます。第二次世界大戦は経済的な面から見れば、連合軍の勝利ではなく、アメリカの勝利でした。それはその後の経済的な覇権を見れば分かります。

ご承知のように、一九三三年に精神分析はライプチッヒの心理学会からユダヤ的という理由で破門されています。そして、大戦からかなり経って、ヤホダはこう言っています。「ヨーロッパではフロイトは今でも過去の一時代の天才として尊敬を受けているが、肝心の精神分析学はほとんど陽の目を見ていない。英国においても心理学と精神分析学をつなぐ橋はほとんど存在しない。ところがアメリカは心理学のみならず精神分析学の世界的中心となり、精神分析を一般心理学の基礎におこうとするフロイトの野心が実現し得た唯一の場所になった」のです。この現象を合衆国に移住した多くの精神分析家の功績とするのは、ヤダホも言うように「あまりに大雑把で単純すぎる結論」です。アメリカで精神分析が「文化のスラングになった」理由には、すでに述べたように、心理経済的な背景と錯覚の瞬間があったはずだからです。

複雑な経緯を省いて結論を言ってしまえば、フロイトの「心の深層」モデルは、アメリカ資本主義の競合と覇権の成功という二つの幻想に一致したのです。ここで、私たちはフロイトの基本的な発想がエディプスにあったという連想を無視して通れないように思ます。フロイトは「父親」にこだわり、分裂病であったシュレーバー症例においてすら「父親」の男根的象徴の痕跡を探そうとしていました。そして先に提示したフロイトのモデルの覇権主義的な側面をもう一度見直してみるなら、その理論的なモデルの中でフロイトが「父親」にこだわったもう一つの理由が見えてきます。それは『トーテムとタブー』『大衆心理と自我の分析』『モーゼと一神教』すべてにわたって想定されているモデル、競合と覇権の確立のモデルなのです(17)。そしてアメリカを介して精神分析が「大きな物語」になっていく背景は、一つにはこのモデルはアメリカ資本主義の基本的なモデルであったからではないでしょうか。「大きな物語」になっていくために必要なもの、それは基本的なモメントがマネー・センターの移行と経済的な高度成長の波にのって発展していくという実質経済的な側面と、その背後にアメリカがそうであるような覇権主義の成功という面の二つがあるのです。少なくとも、その二つの側面をベトナム戦争までのアメリカ人の「心の深層」モデルが支えていたに違いありません。K・ガルブレイズが言っているように、アメリカは「全ての人間が頂点に到達できるという信仰(エトス)が広く行き渡りほとんど普遍的になっている富裕な社会」でした(18)。そうした社会が、フロイトのもっていた衝動解放のモデルをあまりに単純に取り入れたのは、同じくフロイトが想定していたエディプス構造を自分たちの社会が体現していたということを、無意識的に知っていて、実践していたからではないでしょうか。その結果、アメリカは未曾有の「心理社会」（この言葉には良い意味と悪い意味とがつねに混在している）になりました。アカデミズムの世界では行動主義があったとしても、一般の人々の心に、精神分析はそのモデルとして波及しました。アメリカ性革命は大々的な宣伝の方にアメリカ人の性生活がついていかなかったという側面はありますが、フロイトの性＝衝動解放モデルの単純化が社会的に成功した典型例となりました。その成功は、アメリカ人の性生活は、それほど大胆なものでも、倒錯的なものでもなく、実に保守的なものであったにもかかわらず、性の抑圧が病的なものを生むという発想が定着したからこそ可能でした。六〇年代にアメリカの学生運動が盛んだった頃にマルクスと毛沢東と並んで三Mと呼ばれたH・マルクーゼの思想は簡単にアメリカの若者の心を捉えました。彼の思想は人間の疎外と性の抑圧を並行にして語るという、マルクスというよりもヘーゲル左派とフロイトの性抑圧モデルが合体したものですが、性のモデルが簡単に性解放運動と結びつく素地がすでにアメリカにはあったのです。そうした強いアメリカ、アメリカン・ヒーロー、アメリカン・ドリームを可能にするアメリカは、覇権主義の結果作られた自我理想であり、解放を支える潜在的な「父親」として機能していたのです。それは心理経済的な意味で「働き、成功するビジネスマン」「お金のために競争する青年」でもありました。

6　「もの」と「こころ」の相互循環とその過剰

このように歴史的な経緯を見て行けば、フロイトの精神分析にあるシステムとしての表象主義は、「もの」の流れの余剰分が「こころ」に向かった結果であると、考えることができます。ですから「こころ」のモデルは、社会経済状況との相互循環的な関係によって、人々の間で受け入れられるのです。単純な経済決定論ではなく、相互循環的なプロセスがあるのです。心理経済的な背景から「心理社会」が作られる錯覚の瞬間のプロセスがあるのです。そしてアメリカで精神分析が成功した理由もある程度、納得していただけたのではないでしょうか。これは、ベトナム戦争以降、精神分析の危機が騒がれるようになった理由も同じ範囲です。今日のアメリカでの精神分析は、母子関係というか二者関係というか、そういった保護された母子家庭的な空間の中での、間主観的な関係、「共感」だとか「同調性」といった主題を主に取り扱うモデルに変化しています。保護主義の強い、内向的な政策をアメリカが取れば取るほど、その理論は「二者関係」化していくことでしょう。そもそもベトナム戦争以降のアメリカのドルは、かつてのマネー・センターが歴史的にどれもそうであったように、衰退の一途を辿っています。ドルがいつ紙切れになるのか、という話すら出てくる始末です。ここには「大きな物語」に繋がる表象主義的な要素は、基本的に存在しません。精神分

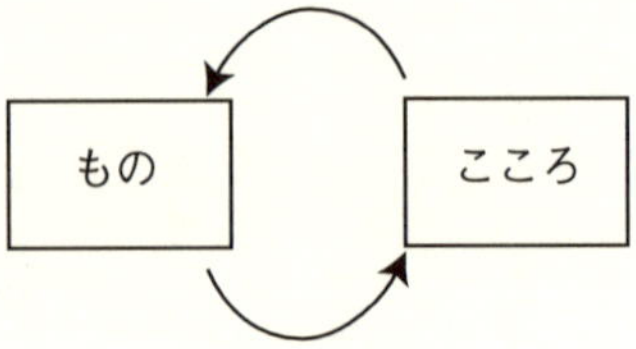

図6　ものとこころの語り方の循環的関係

析をはじめ、思想の一つのシステムが「大きな物語」になることもないでしょう。そもそも一局覇権主義が今世紀の世紀末を超えて生き残る主義かどうかも分からないのです。

表象主義は「もの」の流れの余剰分が「こころ」に向かった結果である。そう考えることができると、「こころ」は「もの」と、循環的な関係にあります。循環的関係にあるからこそ、社会経済の循環、個人の歴史を多層的に組み合わせたものが社会の歴史であり、個人の「こころ」を組み合わせたものが時代精神です。一般的に、「こころ」が「もの」と循環的な関係にあるということは「こころ」のレベルから逆照射できます。もちろん、単純な一対一対応ではありません。L・アルチュセールの言うように、「こころ」そのものは下部構造から影響を受けながら、相対的に自律しています。でも「こころ」に傾く議論、表象主義と「もの」に傾く議論、機能主義が過剰、あるいは過度に縮小している場合、それの間のゆれは、背景にある社会経済状況に影響を強く受けていると考えられます。原理的に不足や過剰はよく見えるからです。不況期には機能主義が、好況期には表象主義が、また不況

	「もの」の過剰	「もの」の過度な縮小
「こころ」の過剰	躁的興奮状態（バブル）	神経症的諸症状（インフレーション）
「こころ」の過度な縮小	心身症的諸症状（デフレーション）	貧困化、断片化（戦争と壊滅）

期には保守主義が、好況期には革新主義が台頭するのは、ある意味で当然なのです。

その社会経済状況によって、「こころ」、保守＝表象が突出したり、「もの」、革新＝機能が突出したりするのです。

「こころ」と「もの」との関係は図6のように、普段は過剰分が意識されずに、どちらがどちらという偏りがなく循環的なはずです。相互に自立的でお互いが影響するという程度の関係なのです。それが社会経済状況の変化によって表象主義や機能主義という形で、一方的に傾くことがあるのです。表象主義台頭の背景にはインフレ主導の社会の変化がありました。また機能主義台頭の背景にはデフレ的な不景気があるのでしょう。これはちょうど経済の過剰＝偏りがしばしばインフレーションやデフレーションを引き起こすというのと似ています。そしてこれをものの流れから見れば、上の表の括弧のなかに記した経済現象として起きていることに非常に類似しているのです。過剰や縮小に傾くときに、病理は見えやすくなるということなのです。

この表を見ると、あることに気がつかれるでしょう。ものの過剰とこころの過剰のバブルの後に、ものの過剰とこころの縮小のデフレがあり、それが壊滅して、こころの過剰とものの縮小であるインフレーションに移行していくという循環こそ、経済の歴史が辿ってきた道です。もちろん過剰や縮小は、循環の極端な結果です。極端だから見える。でもそも「こころ」というものは、ある種の過剰ではないかという意見だってあるのです。ウィニコットは「心（Mind）」が精神身体の過剰の結果だと言いました。確かに、「こころ」というのは、動物の社会から見れば、ある種の過剰の結果です。ですからこの「こころ」のマネージメントは、「もの」の流れに併せて、経済状況の変化に合わせて、考え直すべきものなのでしょう。

さてこの章で私たちは誰が誰に対して、今ここでこの話をしているのか、という視点（3）から「もの」についての語り方、「こころ」についての語り方を見てきました。おそらく、そこには循環があり、経済がそうであるように、循環と過剰、そして縮小があるのです。

注

（1） ソンダグについては、S・ソンダグ『隠喩としての病・エイズとその時代』（富山太佳夫訳、みすず書房という二冊（以前の本と最近の本の合本）を参照のこと。

（2）F・アレキサンダーは心身症の初期の研究者、A・ミチャーリッヒには『葛藤としての病』『心身症』（中野良平ら訳、法政大学出版局）がある。E・ロッシ（一九九三年）『精神生物学──心身のコミュニケーションと治癒の新理論』（伊藤はるみ訳、日本教文社、一九九九年）は非常に新しい心と精神の関係を、自律神経だけでなく、免疫系に関する関係も含めて心身関係について述べている。

（3）古典的にはバークリの『視覚新論』が、最近では大森荘蔵の『新視覚新論』（岩波書店）が示してみたように、また心理学ではギブソンの「アフォーダンス」の概念がそうであるように、知覚や見えが物理環境と連動しているという理解は少なくとも想定可能になっている。

（4）協調の原理とは、会話において話の量が適切なこと、質的には真実であること、そして関係のあることを言う、明晰であって整理されていることを言うなどである。詳しくは、P.Grice (1989). *Studies in the Way of Words*. Harvard University Press.

（5）クワインがはじめに述べたのは必然性についての議論であったが、その後認識論理の問題についても同様の論を展開している。W・O・クワイン（一九五三年）『論理学的観点から』中山茂ら訳、岩波書店、一九七二年、および Quine (1966). 'Quantifiers and Propositional Attitudes' in L.Linsky (1971). *Reference and Modality*. Oxford University Press.

（6）S・クリプキの言う「信念のパズル」の問題も基本的にはこの文脈にあって、信念文の困難さを明示したのものである。S・A・クリプキ（一九七九年）「信念のパズル」（信原幸弘訳）『現代思想』一九八九年、三月号。

（7）この区別は基本的にJ・L・オースチン（一九六〇年）によるものである。『言語と行為』（坂本百大訳）、大修館書店、一九七八年を参照のこと。

（8）典型的にはB・F・スキナーの考え方がそうである。精神分析に批判である次の文献はこの視点が明瞭で分かりやすい。B.F.Skinner 'Critique of Psychoanalytic Concepts and Theories' in H.Feigl and M.Scrivened (1956). *Minnesota Studies in the Philosophy of Science*. University of Minnesota Press.

（9）G・ライル（一九四九年）『心の概念』坂本百大ら訳、みすず書房、一九八七年を参照。2・2節で論じる日常言語学派の重要な著作である。ここでは論理行動主義に基づいて、そもそも「心的」と「物理的」という区別は日常言語の誤謬によるカテゴリー・ミステークであると述べられている。

（10）代表的な著作としては、D.M.Armstrong (1968). *A Materialist Theory of Mind*. Routledge and Kagan Paul や J.J.C.Smart (1963). *Philosopy and Scientific Realism*. Routledge and Kagan Paul. またアームストロングとマルコム共著（一九八四年）『意識と因果性』黒崎宏訳、産業図書、一九八六年。

（11）H・ファイグル（一九六七年）『こころともの』伊藤笏康ら訳、勁草書房、一九八九年。

（12）P・K・ファイヤアーベント（一九七五年）『方法への挑戦』（村上陽一郎訳、新曜社、一九八一年）はポパーらの進歩的歴史観すらも否定している。

（13）L.L.Whyte (1978). *The Unconscious before Freud*. London:Julian Freidmann.

（14）I・ダンロップ（一九八〇年）『展覧会スキャンダル物語』千葉成夫訳、美術公論社、一九八五年。

（15）B・ベッテルハイム（一九八五年）『フロイトと人間の魂』藤瀬恭子訳、法政大学出版局、一九八九年、あるいはP・マホーニー（一九八五年）『フロイトの書き方』北山修監訳、誠信書房、一九九七年を参照のこと。

(16) 高橋琢磨『マネーセンターの興亡』日本経済新聞社、一九九〇年。

(17) フロイトのものは本書ではフロイト著作集(人文書院)によっている。彼の死の本能衝動論の疑問点については、長井真理「快感原則の彼岸によせて」(北山・妙木編『言葉と精神療法』現代のエスプリ、至文堂、一九八九年)に詳しい。

(18) K・ガルブレイズ(一九九一年)『バブルの物語』鈴木鉄太郎訳、ダイヤモンド社、一九九一年。

第四章　経済学の「こころ」

1　ある誤解

経済学が「もの」の学問であるという誤解がしばしばまかり通っています。経済の数字、数学を知らないと近代経済学を知らない、あるいはヘーゲルや哲学のことを知らないとマルクス経済学を知らないという大きな誤解があって、経済学がある種の「こころ」を前提して成り立っているということを見落としやすいからです。でも例えば無差別曲線という重要な概念を提示した、近代経済学の一角を担うF・Y・エッジワースの経済学の本は『数理心理学（mathmatical pyschics）』という題で、そこには二人の人間が契約関係を結ぶプロセスが数学的に表現されています(1)。非常に分かり難い本ですが、そこで彼は社会力学のような形で、交換のプロセスをこころのメカニズムとして数式化しようとしています。あるいはマルクスを構造主義的に読み解こうとしたL・アルチュセールは、フランスの精神分析家J・ラカンの明らかな影響の下で、イデオロギーは想像的なレベルでものと同一平面にある、と言っています(2)。いずれにしても、経済学がある種の「こころ」を読み込んできたことは事実です。M・フーコーではないのですが、諸学の専門家などせいぜい一〇〇年程度のもので、経済のシステムを解明するモデルを作るのに経済学が紆余曲折してきた歴史は浅いからとも言えますが、経済の原動力は人間の動機や意識ですから当たり前です。ここでは近代経済学がもってきたある種の前提のようなもの、そのある種の問題が起きやすい側面についてお話ししたいと思います。ちなみに、マルクス主義そのものは一見すると共産主義が倒れたということから、衰退しているように見えますが、おそらくこれからの時代におけるマルクスの意味というのも、この近代経済学への批判的な動きというところにあるのでしょう。

2　効用と均衡の理論

近代経済学が数学化していくきっかけはお互いがほぼ独立してですが、経済学の古典となっている何冊かの本、一八七〇年代にW・S・ジェボンズの『経済学の理論』、C・メンガーの『国民経済学原理』、あるいはL・ワレラスの『純粋経済学要論』の三冊、そしてやや年代が遅れて、A・マーシャルの『経済学原理』（一八九〇）に端を発する理論的な発展があったためです。一般にその内容は、限界効用説と言われるもので、その限界効用についての理論はそれぞれの立場で異なっていても、経済の主体と価値の決定において、とても似通ったものです。ですから、この発想の登場には経済が境界線を越えて、都市化が起きてきた十九世紀の事情が背景としてあると思います。彼らの発想は、経済主体が価値を決定する場合には、最適性が働くと考えている点で似ています。

ちなみに「限界効用」という考え方は多分に主観的な色彩が強いものです。二つの財があったとして、消費の数量をxとyの限界効用とみなしたときに、xとyのもっとも効用が高いレベルで、消費が決定すると考えているわけですが、その場合、価値はそれぞれをとりあえず量的に示されると考えるわけです。ためしに数量として示してみるという程度に主観性の強いものです。客観的に労働を量的に計るには、リカードやマルクスのように、労働力で量化するというのが唯一の方法でしょうが、すると、資本家や労働者、労働の搾取、階級闘争など差別や差違、立場や「ずれ」が読み込まれてしまいます。だからマーシャルらのようにとりあえず主観的な部分を量化したのです。

そのため彼らの立場は効用から出発します。前提にあるのは

1　主観的な価値基準が独立している、広く言えば、功利主義的な行動が当然視されているということ、そして
2　生産手段の私有性、広く言い換えれば方法論的な個人主義。さらに
3　経済人の合理性、歴史的には自然法思想に端を発するものでしょうが、広く言えば合理主義です。加えて
4　生産要素が可塑的で、柔軟な供給が需要に対して行われる。そこでの生産は
5　生産期間がそれほど長期的なものとみなされず、最終的には
6　市場において均衡が達成される

ということです(3)。あえて近代経済学に限定して言うなら、労働に対しては賃金、資本には利潤、土地には地代といった対応が三面一体になっているシステムが「仮に」導入され、あとは体系としての妥当性が検討されるという話です。ここには均衡が予定調和されています。そのため近代経済学の解法は、効用から出発したものを、均衡分析によって無差別曲線が導入されて、ワレラスの一般均衡分析が成立するようにできているのです。後は選好の順序を導入すれば、均衡分析で十分だということがヒックスらの手によって証明されます。効用から出発して均衡がはじめから予定されているので当然ですが、無差別曲線で示される消費と生産に関するモデルは有名です。そこではも

っとも最適（パレート最適）な点が予算の制限のなかで示されます。この手法をヒックスがＩＳ・ＬＭ曲線として利子率と雇用量との間にまで応用したことで、いわゆるケインズの理論が均衡分析と一直線で描けるようになったのです。この意味ではケインズと新古典派の近代経済学は直線上にあります。ここ辺りの歴史的な展開については、どの経済学の本にも必ず登場しますから、興味のある人は読んで下さい。いずれにしても効用について考えていくことから始まって、無差別曲線と予算の間で最も最適な点を導き出し、さらには均衡分析によって交わる点をもっとも最適なものと見なす考え方が近代経済学の姿です。

結果として経済学の前提は、あくまで市場における均衡になったのです。いわゆるワレラスの原理は、均衡は均衡であるという同語反復（トートロジー）と見なすこともできます。供給＝所得＝消費＋貯蓄であり、これに等しく需要は消費＋投資であるという考え方は、均衡が前提にされた議論なのです。これに対して不均衡力動についての考察は、すでに先に展開したモデルが導入された結果なので、たとえ均衡が前提になっていなくても、効用に関しては最適性を選択するはずだ、という合理的経済選択の仮説が前提にあります。さてこれらの前提にはこれに対して、「こころ」を計算に入れた、心の経済を考えるには、ある種の問題がいくつか発生します。以下みていきましょう。

3　勝者の呪い

勝者の呪いという言葉を、最初に言い出したのはアメリカの石油会社のエンジニアだったと言います。R・H・セーラーが本の題名に使い、新しい経済学のパラダイムである行動経済学の説明に利用したので、有名になりました(4)。彼は多くの経済現象が、合理的な選択では説明できないさまざまな例の一つとしてこれを挙げました。彼の批判は「利益最大化をはじめとして、期待効用最大化、ゲーム理論などは最適行動を記述する理論である。価格を限界費用が限界収入に等しくなるように設定することが（理論上は）いかにして利益の最大化を図るかという問題への正解になる。しかし、企業が実際にそうするかどうかは別問題である」と述べています。勝者の呪いはその例です。例えば多くの石油会社がある鉱区の採掘権をめぐって入札をしようとしているとします。各会社はあらかじめ専門家からその利権の価値について分析を受け、ほぼ共有できる客観的評価額で見積もりを得ています。ただ石油の埋蔵量を推定すること自体は難しいので埋蔵量にはばらつきがあります。自社の専門家の評価額が低めだったにしても、最終的に社内で見積もりを高くしたところが入札も有利です。実際に、社内の評価が一番高かったところが落札しますが、問題はここに生じます。競売で勝った人は、一番、過度に見積もった人たちです。落札価格が鉱区の価格を上回っていて、損をする可能性が高いのです。あるいは鉱区の価値が社内の専門家の見積もりを下回ってい て、期待が外れて落胆するかどちらかです。このパラドックスはどうして起きるのかといえば、最適行動をとった結果なのです。

こうしたパラドックスはいたるところにありますが、一言で言えば、みんなが参加して、みんなが一つの価値に関して意識的に最も良い部分を求めて競争する場合には、このパラドックスは不可避です。一種の錯覚ではありますが、合理的にしかも最適な行動をお互いがとると思っている限りは、避けられません。セイラーにしたがって「アノマリティー」と呼ぶなら、それはいたるところに偏在しているのです。事例を挙げましょう。Ｙさんは、四十代半ばの会社員ですが、子どもの頃から良い学校、良い成績、良い会社がいかに重要かを耳にたこができるほど、お母さんから聞かせられて育ってきたのだそうです。物心つくころには、すっかりエリート社員への意識を当然と思っていました。Ｙさんの母親は、東北地方の名家の出身で、親戚には、その地方の有名な政治家や財界人が多くいましたし、よく勉強して成績も良かったのだそうです。ただ実家では、女性は家に入るものという考えが強かったので、高校を卒業すると、本人は希望していたのだけれども大学へは進学できず、女性に生まれてきたことにとても悔しい思いをしたそうです。ですからＹさんの母親にとって、長男であるＹさんを、良い学校に入れたい、という思いはいろいろな感情の入り交じったものだったのでしょう。いずれにしても、Ｙさんは、期待に沿う、とても良い子どもでした。

彼が某有名企業に入ったのも、そしてコネもあったにせよ、早々と昇進していったのも、当然と言えば当然でした。父親の知り合いで地元の大地主の娘さんとお見合結婚しました。順風満帆というのでしょう。ところが、彼が部長になったときに問題は起きたのでした。周りも、そして彼自身も昇進が告示され、部長としての地位を獲得したことを、とても喜んでいました。いや喜ぶはずでした。しかしその矢先に、彼は気力がなくなり、仕事が手に付かなくなり、会社に行こうとすると、体全体がだるくて動けなくなります。明らかにうつ病の症状が前面に出てきたのです。いわゆる昇進うつ病というやつです。うつ病はやっと手に入れたマイ・ホームに引っ越したり、ある変化が起きたときに陥りやすい病気です。そして、数カ月後に診断のため私が彼に会ったときにはすでにうつ病のあらゆる徴候が姿を現していました。

人間が、特に男の子（最近では女の子も増えてきました）が、偉くなる、あるいは人よりも強くなるということに、なぜこだわるのか、よく考えてみると不思議なことです。これは明らかに人間の社会の競争原理のようなものが、価値として評価されているからだと考えられます。動物の世界はしっかりとした社会的な階層秩序から成っていることが多いのですが、強い、偉い（優位に立つ）ということが前面に出てくるのは、危機的な状況以外にはそれほどありません。ボスの入れ替えが起きる、例えば、狼の集団のボスと一匹ではぐれている狼とがリーダーをめぐって争う、などという、とても危機的な状況です。それ以外の時には、むしろ既成の社会的な秩序を守る方向に、集団のメンバーが動くのが普通です。たまに、動物たちがもっている既成の秩序を人間が誤解して、悲惨なことが起きます。例えば、イヌは種類によって異なるにせよ、既成の社会的な秩序を厳格に守る傾向があります。だから階層の上のイヌは、食事その他でいつも優先されますし、されないことはないのです。ところが、人間が「平等」にと考えたり「いつもこの犬ばかりが先に食べて他がかわいそうだ」とか思って、下のイヌに先に餌をあげてしまう。すると、人間のいないところで、その下のイヌが上のイヌに「いじめ」にあったり、酷いときにはかみ殺されてしまったりもするのです。先生にえこひいきされた子どもを影でいじめるなんて、学校のいじめと似てもいますが。

もちろん、市場原理の世界では競争が学校や会社での活力源となっていることも確かですし、学習社会での競争の重要性は無視できません。嫉妬や羨望が成長の動機となっているのも確かです。ただ、ここでは人間のもっている、この向上の意志と価値観を意識的に求めることで生じる、一つのパラドックスが、市場化された社会に固有なものとしてあるということには気がつくべきで、その場合、合理的選択の原理が成り立たないのです。このパラドックスの一部はL・J・ピーターという人が気がついたので「ピーターの法則」と言われています(5)(似たようなものに「マーフィーの法則」とか「パーキンソンの法則」とかがあります)。思うに市場化された社会を考えるときには、この法則の基本的な視座は重要です。それは「メンバーは各自の力量に応じて、それぞれの無能のレベルまで達する傾向がある」というものです。そうです。私たちが競争化された社会に生き続ける限りは、いつか無能になる状態、つまり能力の限界へと向かって努力しているということになるのです。ピーターの法則は、もともと会社などの階層組織を前提に考えられたものですが、思うに競争を重要な価値と見なす限りは、このパラドックスは不可避です。自分が、以前の仕事よりも良い仕事をしたいとか、何か新しい仕事をしたいとか、心の中に向上心をもっている限り、その人はいつも自分が無能と呼ばれる状態を目指しているということなのです。理由は「価値あるもの」は、自分のなかにあるのではなく、市場価格によって決まるからです。市場における合理的選択のパラドックスはこの例です。

Yさんがこのことに気がついて、上へ行こうとする意識を再検討しはじめたのは、だいぶ経ってからでした。その頃にはもう会社の役職をはずされていて、しっかりと閑職に追いやられていましたが、本人はそれで良かったのだ、と心から思っていました。幸い、彼はこの病気にかかったおかげで、「良い子＝エリート」という一元的な価値の向かう無能への道から逃れたのです。限界以上を要求され、自分でも限界以上を目指してあくせく働くことのジレンマに辟易していたわけで、彼は現在、とても有能な人間となっています。それは、自分はこれ以上できないところを目指して、できる限りがんばることのパラドックスを、解消したからです。市場の原則ですが、為替の価格、あるいは価値というのは多くの人にとって不利なように設定される、そう考えるべきものです。ですから皆が良いと思っていることを目指して、そこで偉くなっていく「意識」は基本的に難しいのです。市場において重要なのは「差異」であり多元性です。そうした多元的なものの間に一時的に成り立つ価値と均衡ならば、基本的には市場の原理で正しいのです。でもYさんのように選択が意識的なものに一元化されると、私たちはパラドックスから自由ではありません。

4　K・ポランニーの発想

もうひとつの問題は、均衡を前提にした経済現象、あるいは経済現象を「もの」の生産と消費の循環的なプロセスに限ったことにあります。これについての批判は経済人類学のK・ポランニーが言っています。ポランニーは「経済的」ということが人間と自然の相互作用だと言うのです。本来、社会は非市場経済と市場経済の複合的なものなのです。十九世紀の経済システムの特性は、市場の部分を他の社会的な制度から切り離した結果にあり、つまり市場社会というのは非常に特殊な社会形態だというのです(6)。ポランニーは社会の統合的な形態が三つあると考えました。それは互酬、再配分、交換です。ポランニーが言う「互酬」というのは、対称的な関係でのやりとりでものをあげたり、もらったりするというものです。よく知られている例はマリノフスキーがトロブリアンド諸島で調査したもので、クラ交換システムというものです。島民たちが「クラ」という名前で白い貝殻の腕輪と赤い貝殻の首飾りとを、とても大切なもの神聖な贈り物としていて、それらの贈答品を儀式のカヌーに乗って島ごとに交換していきます。循環的な交流が成り立っているのです。更にはクラと似たもので、ワシというのがあって、それは内陸部と海岸部の村がヤムいもと魚を交換するシステムです。物々交換とどう違うのかと疑問に思う人もいるかもしれませんが、交換することで一種の「ありがたみ」がここにはあります。

再配分というのは、王制において王が権力を行使する基本的なシステムです。ダメホの大王の行為が有名です。異論が多いものの、フランスの社会学者マルセル・モースが報告した「ポトラッチ」もあります(7)。破壊的なまでに贈り物をしたり、物を捨ててまで贈与を徹底しようとするという行為のことですが、これによって行われているのは権威を維持するために、一種の自己犠牲まで求められるということです。でもある意味では、これは税制によって制度を維持する国がやっていることです。

このように社会のあり方を考えると、ポランニーの発想は分からないでもありません。ただ均衡という前提が近代経済学にあったのと同じように、ポランニーの発想の中にも統合という前提があるように見えます。つまり市場的側面と非市場的側面があって、現代社会が奇形であるということによって、人間の社会が統合的だと見なしているのです。さらに私たちが見てきたように「こころ」と「もの」の関係から見れば、制度を当然の前提にする議論は幅が広すぎます。心の内側から人間関係というミクロレベルの問題を扱うには、制度論には無理があるのです。ですからポランニーの批判は、「もの」の交換に限定された均衡の近代経済学に対しては有効ですが、「こころ」まで拡張した経済の問題には役に立ちません。

こころのメカニズムを理解するには、制度に還元するのではなく、「こころ」の機能を最小限にして考えてみるのがよいでしょう。交換（交流）ということ一つを考えてみるのです。交流を基本的なベースとして見なすと、右のポランニーの指摘した交換がさまざまな活動の一つにあるという、市場経済の原則が基になってしまうので、ここでは、人間関係のやりとりの基本が交流だと見なしてみれば良いのです。

そう考えて互酬、交換、再配分を考えてみると、これらの制度は心理経済学的に実は重要な点を明らかにしてくれます。つまりこれらの様式は、それぞれ重要な感情を相手に生み出すための方法です。贈与というと、お中元やプレゼントが、まず思い浮かぶでしょう。こうした儀礼は、人間関係の交流のためにあるのですが、交流という双方向の相互的なものではありません。贈り物は、実は相手の心に「余剰」の感情をもたらすものです。もらった相手は「すまない」とか「申し訳ない」とかいう感情をもちます。つまり逆に無意識の意味から言えば、そういう感情を生み出すようにものが送られるとも言えます。それらはただ意識的な意図がないだけで、交流のなかで贈り物によって一時的に生じる罪悪感があるからこそ、そこにまた今度は相手に何かしてあげようという気持ちが生み出されます。だから「もらうだけだと申し訳ない」とか「思い＝重い」が「もの」を通し

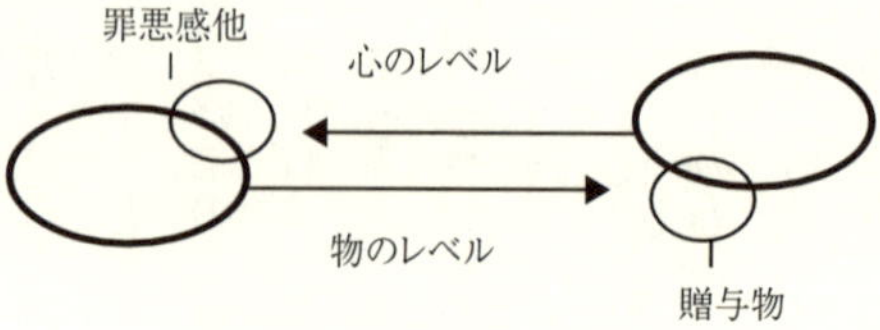

(a)「互酬」のこころとものの流れ

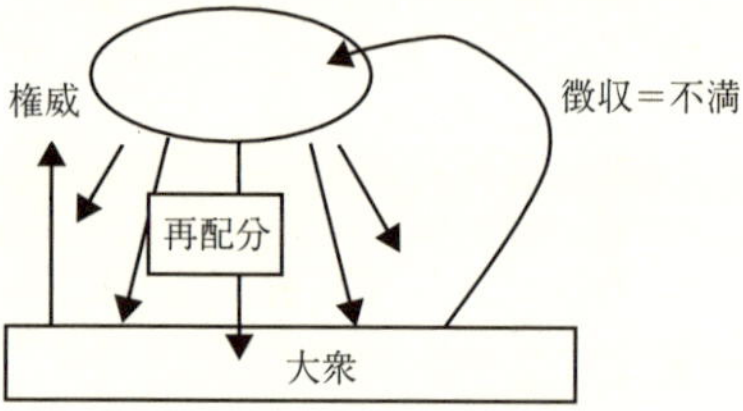

(b)「再配分」のこころとものの流れ

図７　互酬と再配分の「もの」と「こころ」の流れ

て「こころ」に植え付けられるのです。実はこの分析を「負債」＝「罪」＝道徳心というメカニズムを最初に分析したのはニーチェでした(8)。つまり人間関係は、こうした非対称的な関係を強引に導入することで、罪や思いやりといった、良心や道徳心の基本的な心理を得られるのです。親子関係は、こうした負債の最たるものです。

では再配分はどうかと言えば、これは簡単です。国がどうして権威をもつかと言えば、それは税制というシステムがあるからです。税金には根拠はありません。これこそ絶対的に疑うべきことですが、国にお金を払う義務がどうしてあるのかは、本当は難しい問題のはずです。でも無意識的に税金を払うことで「お上」とか「政府」といった発想が「権威」

を生み出している。お金を集める徴収は「不満」を生み、これがあまりに強いと反乱や一揆が起きます。でも反対に結果としてお金が集まるところには「権威」が発生します。ですからそこからの再配分は「ありがたい」ものなのです。このように見てくれれば、交流の基本は相互性で、ギブ・アンド・テークです。これは「もの」には「もの」、「心遣い」には「心遣い」です。それに対して、図7にあるように、ものの流れが「こころ」を生み出すのです。つまり一方的に「重い＝思い」を生み出すために互酬が成立し、「権威」を生み出すように再配分が行われるのです。

このように読みなおせば、ポランニーのように人間の活動を、経済活動と対比させるのではなく、むしろ経済活動＝心理現象とみなせます。「こころ」の経済を視野に入れられるのです。

5　アダム・スミスの「思いやり」

交換というものを、交流と分けて考えるなら、前者を「もの」、後者を「こころ」と考えることができます。でもその間の関係はと聞かれると、それほど明確なことではありません。「もの」の交換のためにはどのような「こころ」の交流が必要でしょうか？　こうした「こころ」と「もの」の交換について最も優れた洞察を示したのは、アダム・スミスだろうと思います。彼の理論を今日、見直すと、心理経済学の重要な貢献が見つかります。ただそれは『国富論』のアダム・スミスではなく、それ以前の道徳哲学者スミスの仕事に関してです。スミスについて、これまで彼が最初に書いた『道徳感情論』と、その後書いた『国富論』の違いについて議論されてきました。まるでマルクスの『ドイツイデオロギー』以後のような、切断があるといわれてきました。ご承知のように『国富論』は、レッセフェールで、市場に任せておけば、「神の見えざる手」が働いて望ましい自然な状態になる、という市場原理を考え出した人と言われています。一見すると人間が自己の利益を追求していく市場至上主義の人間像を考え出した人のような言い方をされています(9)。でもこの点は誤解です。B・ウィリーが指摘しているように、スミスの人間像は当時の「自然」という概念に左右されていたもので、私益が公益にダイレクトに繋がっている、個人の利益は皆の利益だったという程度のものでした(11)。市場がパレート最適性を生み出すということではありません。むしろ『国富論』で重要なのは、分業論などの、国の内部をいかに豊かにするかという点です。小さな政府という発想もそこから出てくるのであって、グローバルな市場経済に関心があったわけではないのです(12)。「見えざる手」は市場のもっている自己制御能力を生み出す自然な傾向のことです。彼は『道徳感情論』でこんなモデルを考えています(以下、竹内(一九九一)(10)の優れた要約を引用した。ただ『道徳感情論』の理解に基づいて、私なりにいくつか変更を加え傍点をうった。特に「共感」は訳として「同感」のほうが良いと思われるので、そのように変更した)。

①　Aは自分が他人Bの立場に立ったと想像した時、つまり想像上の「立場の交換」を行った時、Bの行動の動機となった感情に「同感（sympathy）」が抱けるならば、その行動を「是認」し、そうでなければ「否認」する。AはこのようにしてBの行動について是認または否認の判断を下す。

②　ただし、この場合Aが想像した立場はBとは利害関係のない第三者でなければならない。Bの家族、仲間などであってもならない。このような第三者の立場にあるAの想像をスミスは「公平な観察者」という。この「公平な観察者」は特別の専門家である必要はなく、「普通の人」でよい。

③　人は想像上の「立場の交換」によって、互いに「公平な観察者」となる。その経験が重なれば、人は自分の行動について、他人すなわち「公平な観察者」がどう見るだろうかということが想像できるようになる。そして、他人あるいは「世間」の非難を受けるような行動を避け、是認を受けるように行動することを学ぶ。こうして人はいわゆる「成熟した大人」になる可能性がでてくる。

④　この段階になれば、人は自分の心の中に「他人の代表」ともいうべき「公平な観察者」をもつようになっている。これをスミスは「心中にいる人」と呼んでいる。あるいはこれを自分の行動の「内面モニター」「理想的な観察者」「観察自我」あるいは「良心」と考えてよい。

⑤ この「理想的な観察者」は、「公平」であると同時に「分別がある」人でなければならない。

⑥ 「理想的な観察者」の「同感」が得られるということは、その行動が社会的に「是認」され「妥当性」をもち、したがって非難を受けることのない普通の（正常な）行動であることを意味する。

⑦ 人々の利己心がこのような「妥当性」の範囲内にとどまっている限り、社会は無秩序に陥って崩壊することなく、無難に存続していくことができるであろう。

⑧ 「妥当な社会的行動に関するルール」は次第に人々に認知され、ルールとして確立するであろう。

⑨ この「妥当性」の条件をみたし、なおそれ以上に「優れた行動」と賞賛を受けるような、本当の意味での「徳性」は、一般に「稀少」であり、万人に備わっているとは言えない。しかし人はそれを欠いているからといって非難されるいわれはない。非難されるべき行動とは、「妥当性」の範囲を逸脱した行動、ルールに違反した行動であり、さかのぼって言えば、「公平な観察者」の是認を受けることのできない行動である。

⑩ したがって利己心が「妥当性」の範囲を超えて、他人の利益を侵害する行動を生み出すにいたれば、社会は強制力を用いてでもそのような行動を排除しなければならない。それは最終的に国家の仕事になる。国家は慣習によって確立したルールにより、あるいは必要なルール

を制定することによって、「妥当性」の範囲を逸脱した行動を禁止し、違反を罰しなければならない。

アダム・スミスが本の中で盛んに言っていることは「傲慢さ」を避けるということで、こうした「妥当性」の範囲で行動することです。この同感モデルのもっとも重要な点は、第三者がいてはじめて感情が成り立つということです。しばしば「共感」が以心伝心のように語られることが心理学の常識のようになっていますが、そうした意識されていない、あるいは想像されていない感情は、共鳴現象や模倣現象に近いもので、「同感」とも「共感」とも言えません。第三者の視点があり、そこで「妥当性」が検討されて、はじめて自分の他者への「思いやり」というのは成り立つのです。精神分析の言葉に言い換えるなら、二者関係などもともとないのです。すべては第三者から語られたものが二者関係として認められているだけなのです(13)。

アダム・スミスが考えていることが、『道徳感情論』から『国富論』まで一貫していると考えるとすれば、「神の見えざる手」は、「公平な観察者」の第三者性が生みだす自生的なルールであり、これは先のポランニーの言う「交換」です。交換は何か自動的なものではなく、「こころ」が介在して、そこにルールが登場してはじめて成り立ちます。こうやって成り立つ気持ちが「思いやり」であり、同感なのです。このようにアダム・スミスの二つの視点、「こころ」の交換と「もの」の交換とは、ほぼ同じ平面上のものなのです。

先の互酬が、「申し訳なさ」を生み出し、再配分が「権威」を生み出すとすれば、交換は「思いやり」を生み出すと言えるでしょう。

6　こころの計算

さて効用や均衡から出発した議論に含まれている、こころの問題について焦点を当ててきました。経済を「こころ」の領域にまで拡げてみれば、効用や均衡の理論あるいは市場原理は非常に見通しの良いものになります。要は、効用と均衡の意識と無意識的に起こる効用と均衡とを混同してしまうために混乱が起こるのです。経済を追求する＝ケチという発想もそうです。ちなみにバブル、あるいは消費不況を説明するためには、人間のもっている「こころ」の傾向を無視することなど基本的にできません。あるいはケインズが指摘したように、お金を溜めておきたいという気持ちを考慮しなければ、需要を中心とした経済を説明できません(14)。そもそも均衡を前提にした議論は、人間のこころと経済の無意識的関係を切り離したところで議論されているために、利益中心＝利己心＝ケチという発想があるために起きるのです。

有名な『クリスマス・キャロル』というディケンズの話では、ケチでエゴイストなスクルージ老人が亡霊に導かれて、過去、現在、未来の自分を見せられ、貧しい子どもたちを目の当たりにします。最終的に優しい気持ちを取り戻し、慈悲の心を取り戻すという筋です。ディケンズの生きたヴィクトリア朝時代は、貧富の差が非常に激しく、確かに悲惨な子どもたちが街に浮浪していたのでしょうから、幽霊の見せた子どもの悲劇は現実だったに違いありません。ディケンズをはじめ多くの作家がイギリス・ユートピア主義の流れをくむ社会改革論者でした。ですからこの話の背景には「お金に汚い」人格対「慈善に生きる」人格という対比を使って、後者こそ私たちに必要なものだ、前者を資本主義の実害であると考えようとする意図が見え隠れしています。このスターウォーズ的な勧善懲悪の定式化は非常に分かりやすいために、しばしば資本主義やマネー・ゲームの実害を指摘する時、あるいは共同体や家族の愛を力説する時に使われてきました。お金は汚いというイメージは、かつては資本家の独占、今日ではヘッジ・ファンドなどの金融システムに対してしばしば使われています。

ちなみに、マルクスやフロイトが共通して自らを貧乏と感じていたのは有名です（本当はそれほどでもありませんでした）。マルクスは、自身が非常に貧しい状況の中で人間の疎外から資本家の理論、そして革命へと自分の論を発展させてきました。確かに「貧困は羨望を生み、長期の羨望から来る不満は革命を生む」というのは、心理経済学的に確かです。フロイトもそうですが、お金＝汚いという発想はその人がお金を外敵とする発想をもちやすい個人的な文脈から出てくるのです。これは共同体対外部という、お金の発生に関わるメカニズムです(15)。

勧善懲悪の、この種の対比が行われやすい原因の一つはゲシュタルトの原理が指摘した、私たちが単純なまとまりを求めるという心理法則にあります。でもなぜ「お金」が汚いのか、これは背景には近代の社会経済的状況が横たわっているのです。フロイトもマルクスもその時代の子どもです。その状況は例えば、ディケンズの物語が辿った運命を考えるとよく分かります。彼の物語はスウィフトの『ガリバー旅行記』がそうであったように、社会批評的な物語として大人向けに書かれましたが、それは次第に児童文学の領域に位置づけられるようになっていきました。つまりこの対比は、大人が子どもに教え、伝えようとするものなのです。そこで伝えようとしている「慈愛」は、一言で言えば、それは「共同体の儀礼」と言ってもいいでしょう。だからもともと子どもと共同体は切っても切れない関係にあるのです。当然のことながら、共同体を維持するために、そのメンバーは新しい世代にその儀礼を何らかの形で伝えようとします。「愛」「慈愛」といったルールは、共同体の儀礼と不可分です。逆にこの文脈から考えると、なぜお金が汚いのか、ある程度説明できます。それはお金が共同体の外部にあって、その外部に人を誘う、その特徴によるのです(16)。

この対比と同じような図式が、今日、新聞をはじめ世論に盛んに登場しています。それは「市場対国家」「市場至上主義対福祉国家」「グローバリズム対社会民主主義」といったさまざまな語られ方をしています。もちろん、ディケンズと違って、後者が良いという価値観を含むものとそうでないものとがあります。日本では、つい最近までは前者が重要だから、金融ビッグバンが必要だという議論が大勢だったのですが、今では反対にグローバリズムに飲みこまれるな、という議論が多くなっています。議論は行ったり来たりしています。いずれにしてもこれまでの日本では、グローバリズムという金融の世界で起きている大きなマネー経済の流れを「外部」ととらえている点では、無意識的にはディケンズの勧善懲悪図式に近かったように見えます。そのため外部で行われているマネー経済、ファンダメンタルをはるかに凌駕する金融の世界にはついていかなければいけない、でもそこにある市場至上主義から社会をどのように守るかという議論が今では散見されるようになっています。金融ビッグバンにしても、ヘッジ・ファンドにしても外部との境界線上に登場する「妖怪」のような扱いを受けています。日本はそれだけ擬似共同体であり続けてきたということなのでしょう。

再度、お金の機能という点から『クリスマス・キャロル』を見直してみると、スクルージ老人の過去と現在を批判しつつ「慈善に生きる」「愛に生きる」ことが素晴らしいとする発想には根本的な誤りがあります。そもそもスクルージ老人の間違いは、社会的ひきこもり、家族や他の人間との関係を険悪にしてしまうような対人関係にあるのです。「もの」としての貨幣へのこだわりが一種のフェテシズムになっていて、ペーパーマネーや投資のための前提である「信用」が失われて神経症症状を呈しているほどに閉塞し、人間関係を計算できていない、これが問題なのです。そのため一歩下がって、貨幣経済におけるお金の使い方という視点から見ても、おそらく彼はお金の効用を活用していないと考えられます。ケチで貯蓄はしても、それを投資したり、投機したりして資本主義的なマネー・ゲームに参加していないはずです。少なくとも上手く運用しているとは思えません。だからこそ消費や社会に対して不満なのです。でも、だから彼をして「お金に汚い」ことを愛の欠如の例のように取り上げるのは間違いです。同じことは、社会経済状況についても然り。当時の社会経済状況で問題であったのは、イギリスの社会システム、所得移転ができないようなシステムの形骸化にあって、人々に慈善や愛の心がないことが問題ではないのです。この点はマルクスの指摘した通りでしょうし、アダム・スミスが考えたように「交換の原理」と「思いやりの原理」はほぼ同じこととして解釈できます。スクルージの失敗は、「情けは人の為ならず」という交換＝思いやりの原理の理解ができなかった所にあるのです。

最近ではグローバル経済に警告する思想家になっているジョージ・ソロスはクウォンタム・ファンドの創始者で、ヘッジ・ファンドの神様で、その後東欧を中心とした慈善家になりました。「情けは人の為ならず。」そう彼自身が言っていますが、ソロスはスクルージのように改心したから、慈善家になったわけではないのです。むしろ、コストの面から見れば、社会的な安定を第一に考えるのは当然です。所得移転が機能しなくなった時に起きる社会的不安のコストは大きいのです。お金のある人が、社会的な安定のためにボランティアや出資をして、環境を守るということは豊かな人の義務です。だからこそ、前述の金融や経済に関する論壇の世界で起きている「市場対国家」という対比はフィクションでしかありません。市場がグローバルなゲームを維持するためには、社会保障のセイフティ・ネットの制度によって、社会不安を引き起こさないように人の心を計算することは必要条件です。

「こころ」を計算に入れれば、以下のような経済問題は、心理経済学の応用問題です。そして効用や均衡の最適性を考えている限りは、その答えが出てきません。「ある種の（今日のような）消費不況でなぜラチェット効果が働かないか」、「バブルがどうして起きるのか、いつはじけるのか」などなど。

注

(1) F.Y. Edgeworth (1996). *Writings in Probability, Statistics and Economics*. Edward Elgar Pub.

(2) L.Althusser (1999). *Writings on Psychoanalysis* (European Perspectives). New York:Columbia Univ. Press.

(3) 宇沢弘文『経済学の考え方』岩波新書、一九八九年、および荒川章義『思想史のなかの近代経済学』中公新書、一九九九年の両方を参照してまとめた。

(4) R・H・セイラー（一九九二年）『市場と感情の経済学』篠原勝訳、ダイヤモンド社、一九九八年。

(5) L・P・ピーター／R・ハル（一九六九年）『ピーターの法則』田中融二訳、ダイヤモンド社、一九七〇年。

(6) K・ポランニー(一九五七年)『人間の経済』玉野井芳郎・栗本慎一郎他訳、岩波書店、一九九八年。
(7) B・K・マリノフスキー(一九二二年)『西大西洋の遠洋航海者』寺田・増田訳、中央公論社、一九六七年。
(8) M・モース(一八九七年)『社会学と人類学』有地亨訳、弘文堂、一九八八年。
(9) 連続性を語った文献ももちろん存在する。最近では佐伯啓思『アダム・スミスの誤算』PHP新書、一九九九年。
(10) 竹内靖雄『市場の経済思想』創文社、一九九一年。
(11) B・ウィリー(一九六五年)『十八世紀の自然思想』三田他訳、みすず書房、一九七五年。
(12) アダム・スミス(一七七六年)『諸国民の富』大内兵衛・松川七郎訳、岩波文庫、一九五九―六六年。
(13) この立場はJ・ラカンのそれに近い。彼のセミナー『精神分析における四つの基本概念』(邦訳近刊予定)を参照のこと。
(14) 小野善康『貨幣経済の動学理論――ケインズの復権』東京大学出版会、一九九二年。
(15) フロイトとマルクスについては、J-J.Goux (1973). *Freud, Marx*. Ed. du Seuil を参照のこと。
(16) 妙木浩之『心理経済学のすすめ』新書館、一九九九年。

第五章　「こころ」の悪循環――ある事例から

1　心理モデルとしての経済

今まで経済学は、「もの」の均衡を前提にしていました。でも、それでは語りきれない多くの問題点が生じたわけです。前章の最後でお話ししたように、経済学のシステムをさらに現実的にしていくためには、どうしても「こころ」の計算が必要なのです。交換（交流）が「こころ」のレベルで「思いやり」を生み、一方的な贈り物が「申し訳なさ」を生み、貧困が「羨望」を、一方的な富の搾取が「不満」を、そして富の集中が「権威」を生む、という余剰にまつわる「こころ」の計算ぬきで、均衡を語ることには無理があります。もちろん、余剰が生まれないなら、「こころ」と「もの」が相互循環的であり、「もの」のフローとストックのモデルは、ほぼパラレルに「こころ」のフローとストックのモデルになり得ると、心理経済学は考えています。

さて、余剰が生み出す「こころ」よりも、より深刻な問題の神経症的な悪循環に話を進めましょう。つまり単なる景気循環をこえて、こころが袋小路に入り込んでしまった場合です。フローがあるからには、「こころ」に悪循環が生じる可能性は常にあります。神経症や精神病は、ある意味で、こころが悪循環にからめとられた結果です。この悪循環について、本章では事例を挙げながら考えてみたいと思います。

2　消費性向とバブルの謎

前の章の最後に、二つの問いを応用問題としてあげました。一つは「ある種の消費不況でなぜラチェット効果が働かないか」ですが、「ラチェット効果」というのは、不況時に景気を下支えする効果のことで、基本的には家計における支出は景気が悪くなっても変わりませんし、たとえ所得が減ってもそれまでに増大した消費性向が逆に歯止めになります。ところが世紀末の日本のように、消費マインドが冷え切ったと言われるタイプの消費不況では、これが働きません。そのためにデフレが加速するという現象が見られます。これは景気を支える消費の因子のことで、モディリアーニ因子と呼ばれています。でも「こころ」の縮小であるデフレや消費不況の場合、この効果が起きにくいのです。

もう一つの問いは「バブルがどうして起きるのか、いつはじけるのか」でした。バブルの定義というのは、実は難しいのですが、マクロ経済的に見れば、名目的な資産価格が生産に直結している名目的な資本価格を凌駕する場合ということができます。つまり、

資産の実質価値×資産価格＞資本の実質価値×資本価格

ということなのですが、これはＧＮＰの成長率をはるかに越えたお金が資産に流れ込んでしまうと言うことを意味します。あるいはミクロ的に見れば、生産や所得の取り引きをはるかに越えて、資産取り引きが行われることを意味します。これは生産や所得のための設備投資のために、つまり基盤のためではなく、ただ投機のために行われるものなので、どんな資産でもかまわないわけで、一番ばかばかしい例はオランダのチューリップ事件です。チューリップが投機の対象になって、新種や珍種にどんどん高値をつけて、その苗が売り買いされたわけですから。お金が財や用益を追いかけるのではなく、お金が資産だけを追いかけることになりました。

すでに第三章でお話ししたように、この二つは、消費不況から来るデフレもバブルも世の中に「もの」が有り余っているという、過剰状態ということでは同じです。デフレ状態だと「もの」は過剰にあるのに消費する気がない。反対にバブルでは「こころ」も過剰になっています。違いは、「こころ」の方向性です。では、この方向性について少し考えてみましょう。

第一に重要なのは歴史的に見て、バブルの後には、デフレが来るというプロセスです。つまり「こころ」は逆転現象が起きるのです。すでに拙著『心理経済学のすすめ』(1)でM・J・アプターらの逆転理論についてはお話ししましたので、ここで詳しくは繰り返しません(2)。簡単に言って、同じ「もの」の動き、身体的な興奮に対してでも、「こころ」はそれを快感と取る場合と、不安と取る場合があります。同じように、身体的平静状態でも、「こころ」はそれを安心と取る場合と、退屈と取る場合があるという逆転の話です。人には目的を求める軸、つまり快感と退屈の軸、そして安定を求める軸、つまり不安と安心の軸があるのです。経済学の言葉に変えると、同じ不確実性を前にして、同じ期待効用に対してリスクを好む人(リスク愛好)とリスクを避ける人(リスク回避)がいますが、これは一見、個人個人の違いのように言われていますが、実は逆転する現象の一つです。

それでは何が、その逆転を決めるのかと言えば、「居場所」感覚や大丈夫だという保護膜がどの程度かということです。ジェットコースターは絶対に壊れないと思えば乗れますが、ひょっとして壊れるのではないかと思えば乗れません。だから大丈夫、あるいは見通しがある、あるいは自分の居場所は失われないといった安心感があってはじめて、ちょっと行きすぎた行為も、目的を求める気持ちに従って「快」となるのです。でもひとたび、このやり方が危ないと思うと、そうした興奮すらも「不安」の焦燥感に変わってしまいます。バブルは「皆」が不確定性にかけている、そんな保護膜の上に、信じるものは救われる如く、一度、信じたものに皆が飛びつき乗っているのです。

経済学でバブルというのが、市場に内在的なものかどうかは立場によって違います。でも社会現象として、市場化された社会ではバブルは起きやすいと思います。理由はそこでは信用が商売になるからです。オランダのチューリップ・バブルは、対象が花という、いかにも「散るもの」であった、そのばかばかしさのためにあまりに有名ですが、バブルというのは投資や投機という、いわゆる株や為替の世界だけではありません。つまり信用によって合意を取り付けるというやりとりが成り立つ世界では、経済現象として、心理現象として、広くいえば人間の現象として不可避なのです。みんなが信じていると危険なことができる。そうです。優しい宗教集団が暴徒と化す例が思い当たるでしょう。そして信用だけの今日のマネー社会では、あからさまに言えば、私たちは皆「薄氷の上を歩いている」とも言えますし、よく言えば「赤信号、みんなで渡れば怖くない」のです。

でもお金を乱発することは、崩壊を覚悟すれば、原理的に可能かもしれませんが、人が絶対的な信頼を他の人に向けることは、非常に早期の乳幼児期か、自己愛人格の歪んだ幻想の中以外では無理です。ですから皆が同じ物を大切だと思い、その価値をどこまでも吊り上げていって、それをなおかつ信用していくことは、心の原理として無理があります。バブルはいつか崩壊します。というのも絶対的な信頼などないし、発展や進歩、あるいは昇進にはいつか限界が来るからです。そしてカタストロフィーが起きるときは、「大丈夫」と思っているさなかです。この場合、ちょっとした不信が、大きな不安に激変します。恐怖といってもよいかもしれません。数学者のルネ・トムが「カタストロフィー」と呼んだ現象は、人間の行動では特に広範囲に見られる現象です。突然、すべてのことの基盤が失われるような感覚、これは分裂病的な世界没落感ですが、カタストロフィー現象は、多かれ少なかれ人間が対外的にも経験しているのですが、分裂病ではそれが意識の統合部で起きます。ある分裂病を発症した患者さんが自分の病的な体験をこう言っていました。「なんとなく不安だったり、なんとなく調子が悪いということは今までにもありました。でもそれは突然起きたんです。大丈夫だ、自分は大丈夫だと言い聞かせると、ますます不安になってきて、焦り、焦りがなくなると、いつのまにか、まったく別のそれがはじまったんです」と。「それ」というのは、「それ」という第三人称中性主語でしか語れない「それ」です。フロイトの言う「エス」のような言葉ですが、ここでは主に病的な幻覚妄想体験のことです。この現象は突然、思ってもみなかった時に起きるのです。普段は常識的にあるものと思っていたものに足元をすくわれるわけです。

ですから、「こころ」の問題としてバブルが起きていれば、これが一番と思っていることが、実はリスクが非常に高い状態です。バブルには、似たようなパラドックスがあります。皆が「バブル」

ではないかと思っている時には、バブルははじけません。むしろ反対にバブルだと思わなくなった時が、もっともバブルがはじける危険性が高く、そしてはじける時が来ます。グリーンスパン議長でも、日銀総裁でも、影響力のある誰かが、「大丈夫」と言ったとします。それに影響を受けて、まだ強気に行って大丈夫と思い、皆が同じ方向に走り出した時が天井で、あとは最大限の有能さが、最大限の限界点になっていくのです。

消費不況は反対に、この居場所感覚、安心感覚を失った猜疑心に満ちた状態だと考えれば、よく分かります。特に今の日本のように、どうもこれからの社会が高度経済成長期のようにはいかないらしいと国民全体が知っているときには、ラチェット効果は起きにくいのです。

では第二に、バブルや消費不況に走る、その原動力は何なのでしょうか。これは人が何故懲りないのかという問題です。もちろん、バブルは忘れた頃にやって来るという世代間忘却の問題も無視できないのですが、そもそもバブルが起きる原動力は、デフレが起きる原動力は何なのでしょう？そのヒントは循環性、あるいはJ・ソロスが述べた「再帰性」、そして逆転現象というところにあります。「こころ」の経済を考える上で、この現象は避けて通れません。ソロスに言わせれば、市場の参加者の価値についての評価は認識の限界があって常に「バイアスがかかっている」ので、バイアスが市場価値だけでなくファンダメンタルズにも影響を与えることがあるというのです。参加者の認知的な歪みが均衡を妨げていて、一方向に価格がファンダメンタルズに影響を与えるだけでなく、

それ自身もファンダメンタルズの一つとして、価格の決定に影響を与えるのです。つまり、

$y = f(x_t)$　認知機能　x_t（tにおける行動）について認知する

$x = \Phi(y_t)$　関与機能　y_t（tにおける認知）に基づいて行動する

だとすると、t時間の間に、それぞれ循環するということが起きます。この循環関数は歪みが行動に、行動がさらに認知の歪みを作るという循環を起こします。このプロセスが実際に投機に役立つかどうかはともかく、この理論の方が投機を中心としたグローバルな金融の世界での経済の動きを説明しやすいとする金融の専門家の言葉は、金や「もの」から遊離した現代の経済システムのなかでは説得力があります(3)。

ただ循環が起きやすい、という言い方はちょっと微妙です。ここでは一応再帰現象と循環現象を分けた方が良いと思います。生物である限り、ただこの循環は、特異なことではありません。このことは強調すべきことです。単純に言って、循環はやや拡大解釈するなら環境の中を生物が「生きること」そのものなのです。説明を単純化するために、「ダニ」の例を挙げましょう。これはJ・フォン・ユクスキュルという生物学者が指摘している例です(4)。森林の中ではある種類のダニは木の枝にしがみついています。そしてその木の下を牛が通る。するとダニはその牛の皮膚腺からだた

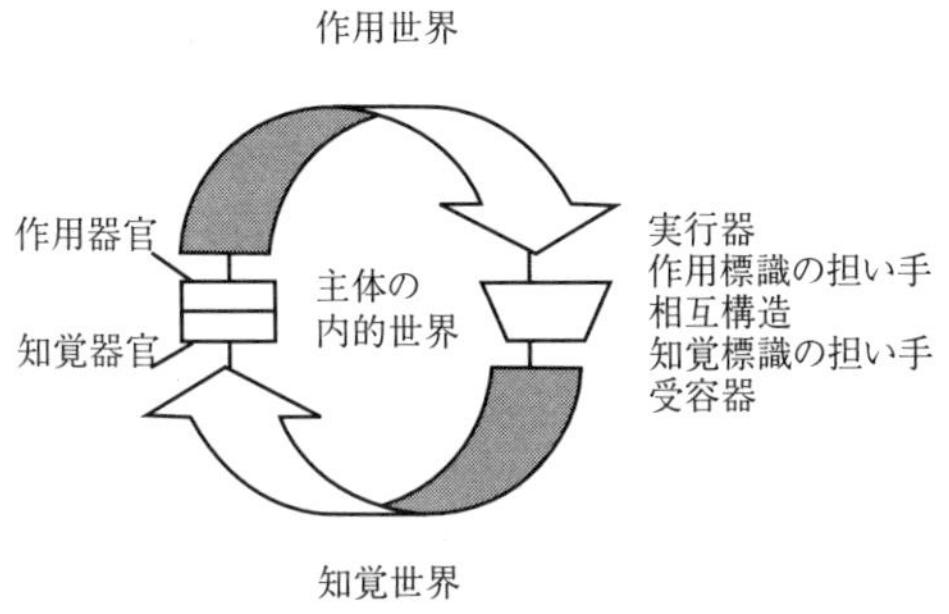

図８　ユクスキュルの機能環

よう酢酸の刺激を嗅覚が知覚し、枝から足を離すという行動を起こします。そして牛の皮膚の上に落ちて、衝突したと知覚すると同時に這い回る行動が起こり、温かい皮膚に触れたと知覚すると同時に、穴をあけて血を吸うという行動が引き起こされるのです。これらの知覚と行動の環はダニが生きている環境世界そのものであり、それらの知覚と作用の組み合わせこそが、そのダニの認識と行動の世界なのです。ちなみに、もちろんダニのいる木の枝の下を哺乳類が通る確率は低いものです。そのためダニの数が多いことと同時に、ダニは長期間食物なしで生きて行けることが必要になります。驚くことに、一八年間も断食できるダニがいるそうです。これらは生き方によって知覚と行動の環が決まっているために、それに合わせて生き物の時間と空間、さらには生物の有機物としてのあり方までが決まって来るという良い例です。ダニに「心」「気持ち」という観念があるかどうか分かりませんが、もしあると仮定すれば、ダニの精神は環境と矛盾することがありません。ここでは環境が変われば、ダニの精神はその環境と同調して右にも左にも転ぶのです。それは機能環という環境と主体が一つの円を描いています（図8）。

ただ再帰現象は、こうした単純な循環ではありません。私が「こころは経済的だ」という意味もここにあります。人間の場合、経済システムの図9を見てもらえばお分かりのように、フローだけでなくストックが、あるいは外部への排出が行われます。ですから単純なエコロジーではなく、ストックと外部不経済という二つの問題を抱えていることになります。ほぼ日常的に、機能環から認知的なバイアスがかかって、過剰に負荷がかかり、ねずみの集団自殺のような環からの逸脱が盛んに起きるということです。ですから前の章でお話ししたように、人間の場合は純粋な循環はむしろ珍しい、人間の精神に偏在しているといったほうが良いのです（ちなみに図9の「消費」のところに外部から入力するものは何かを考えるのは重要です）。

例えば、人間の言語は基本的に循環的です。文の生成を明らかにしたのは、チョムスキーの生成文法ですが、それによれば有限の手続きで、無限に生成可能なのは、「拘束」や「統治」といった言語への制約さえ考えれば、P―X―Pといった基本的で単純な原理によって生成するからです。拘束や統治は、打ち止めの場所のことですし、一種の制約ですから、ある最小限の基本原則さえ与えれば、あとはどうにか文が作り出されます(5)。このプロセスは、古典的な文法の言葉に直すなら

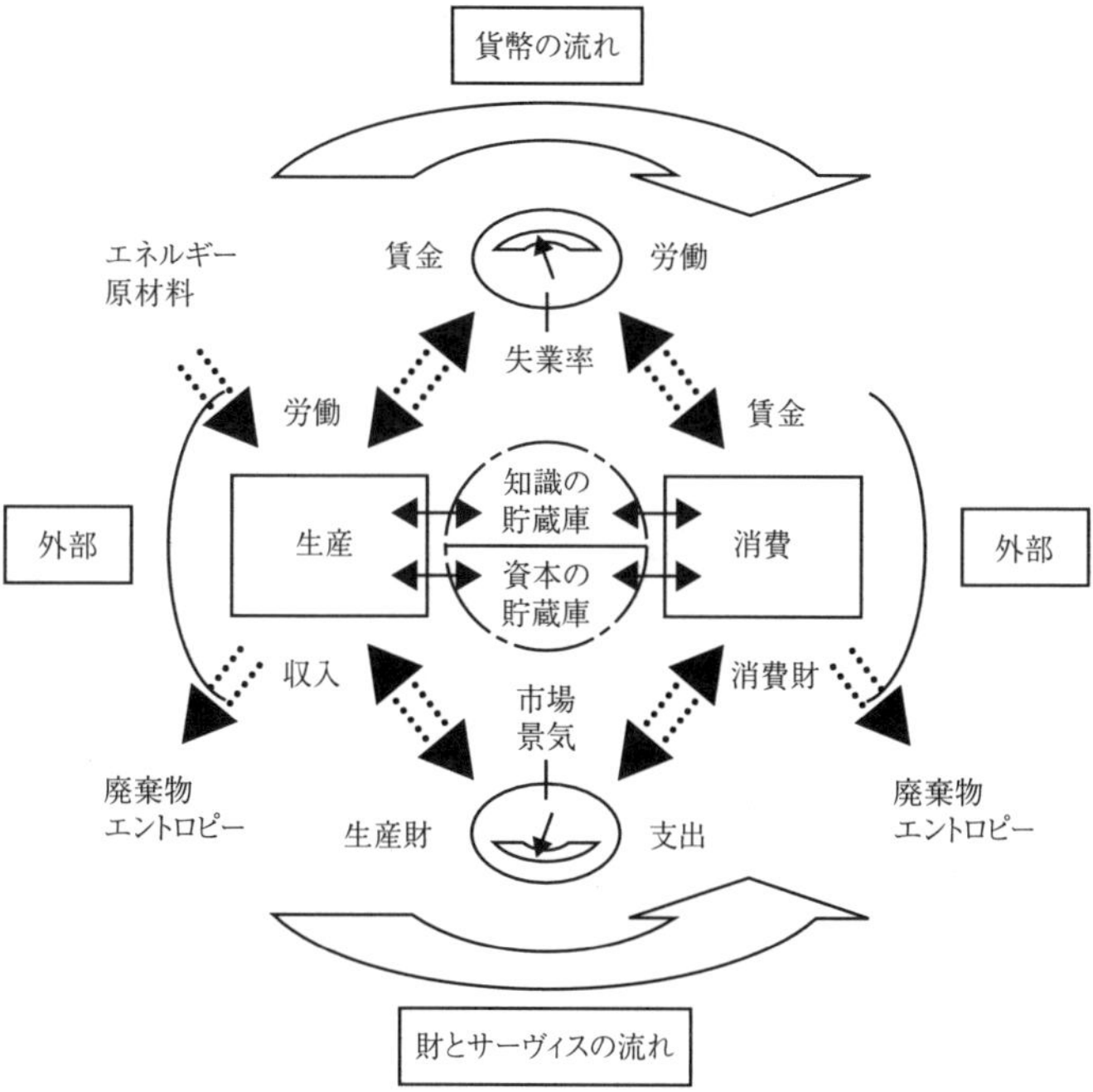

図 9　経済システムの流れ

こうです。つまり主部と述部がさらに述部のなかで主語と述語がという形で、一定の原理を繰り返し、ある種の制約の中で成文化が起きれば、「正しい文」が生成されるのです。でも、この循環を使えば、例えば、R・D・レインの次のような言葉が可能なのも、やや逆説的に、最小限の原理の循環的な繰り返しの結果なのです。

もしそれがわたしのものならばそれはわたしのものではない
もしそれがわたしのものでないならばそれはわたしのものだ
もし《それはわたしのものだ》がわたしではないならば
もし《わたしでない》がわたしのものでないならば
もし《わたしのものでない》がわたしならば
もしわたしが《わたしのものでない》ならば
もし《わたしのものでない》がわたしでないならば
そのばあいには、もしわたしでないならば、それはわたしだ

レイン『結ぼれ』(6) より

この文は、再帰的です。文法的な形式に依存してだけ、どうにか読み取ることができます。でもや

はり何か過剰です。変ですよ。この変な感じで、過剰の結果、はじめて、私たちは人間の経済のなかでバイアス、あるいは過剰があるということに気がつきます。バブルも、その後の消費不況もある偏りがあってはじめて、普段、意識していない再帰現象に気がつくというのが正確です。つまり心を病んではじめて、再帰現象が発見できるとでも言いましょうか。

3　神経症の姿

ですから、機能環の循環に歪みを生じるのは、ある種のバイアスが一方向に過剰投資されてしまうからで、ある偏りに過剰が起きた場合にはじめて、それが片寄っていたということが分かり、再帰現象が循環的に起きていることが分かります。神経症はそういう姿なのです。以下少し神経症の姿を、その視点から見直してみましょう。

A　ヒステリー（hysteria）

まずヒステリーの語源は「子宮」であるように、本来女性の病気であると考えられていました。ただ古典的にヒステリーと呼ばれてきた病気はそれほど明確に診断を下せるようなものではなく、今日では性格障害、精神病、あるいはてんかんとして診断されるような症状の人も含まれていたようです。実際のところ女性、しかも二十代の人が多いのですが、この世代の女性は対象選択のために性的なエネルギーを本来外面に向けて投資するべき年齢です。ヒステリーには大まかに言って、転換反応と解離反応とがあります。転換反応は古典的に大ヒステリー症状と呼ばれてきたもの、全身痙攣、痙攣、筋肉の収縮、硬直状態、失立、失歩などの運動性の感覚喪失などです。これらは、よく皮肉っぽく「倒れても怪我をしない」と言われる症状で、転換や脳器質性のものと違って、や「演技的」な側面もあります。つまりそうした身体のパーフォーマンスの演技的な部分に過剰投資されているのです。感覚の麻痺があることがあるのですが、それは神経学的な系の発想と一致しません。よくグローブ状の麻痺と呼ばれていました。「した」というのは、現代には純粋なヒステリーはもはや存在しないからです。この点は拙著の『父親崩壊』に述べてあります。視覚に障害があっても、不思議と見えるものと聞こえるものとが選択される傾向があるので、やはり全体的な機能喪失とは異なっていて、身体が無意識の表現の場となり、訴える媒介となっているのでしょう。過剰な投資部分が同時に「訴えたい」部分なのです。

これに対して解離反応は、人格を分離してしまう病気で、これは今日の多重人格につながっています。解離が記憶の場合には記憶喪失、健忘になり、もっとも多いのは意識に対して解離が発生する場合で、もうろう状態に陥りやすいのです。人格の解離まで生じると二重人格や多重人格が形成されるわけです。

B　強迫神経症（obsessive-compulsive neurosis）

自分が不合理であると分かっていながら、やっていること（強迫行動）や考えていること（強迫観念）を中止してしまうと不安におそわれるのでやめられない、そうした強迫観念や行動にとらわれて、離れられない状態を言います。時として行動をパターン化して儀式化する強迫儀式を作り出すことがあります。強迫症状についての論考は以前からありますが、「強迫神経症」という言葉を作ったのはフロイトです。フロイトが不安神経症のような「現実神経症」とは別に「精神神経症」の項目に、この強迫神経症を入れたことは象徴的なことです。つまり、この神経症には、単なる欲求不満やストレス構造とは別に、幼児期の性的な体験やコンプレックスによって作られた心の綾のようなものが見いだされやすいということになります。過去と現在の間で悪循環が生じているのです。ドイツ精神医学は、事実、伝統的に、強迫的人格をこの病気の背景に考えていました。強迫的人格の人がすべて強迫神経症になるとは限らないのですが、几帳面、完全癖や潔癖症、万能的理想主義などの性格はこの病気と密接にかかわっていると考えられます。ということは、強迫は、一定の傾向に沿って起きた悪循環だということです。強迫神経症にかかる人がその強迫行為の対象にするのは、たいてい「汚い」「悪い」といったもので、それらを洗い流したり、悪い考えを除去しようとしたりして、強迫の悪循環に陥ることが多いのですが、これは皆が思っていること、ある程度は思っていることを、拡大解釈した再帰現象です。

C　不安神経症（anxiety neurosis）

不安が心配と違うのは、その対象がはっきりしないことでしょう。何となく心配というのはありませんが、何となく不安という状態。その何となく不安という状態が前面になっているのが、この不安神経症です。この言葉を用いたのはやはりフロイトです。不安、切迫感、緊張感、神経質な感じ、のぼせて落ちつきがない感じ、不安定で興奮しやすい、怯え（脅え）ている感じなど、表現はさまざまですが、発汗や呼吸困難などの身体症状を伴うこともあります。急性の不安発作と慢性の不安とに分けられ、前者は「突然おそってくる」ものとしてクライエントに体験されていること、後者は「何となく恐い」感じがじわじわと体験されています。いずれにしても彼らには不確実性が問題なのは確かです。

フロイトが「精神神経症」と呼んだ不安ヒステリーを今日でいう不安神経症と考えるなら、抑圧を受けたものが回帰してきたときに、意識の側が明確に認識できない場合に主体に体験される驚愕反応とその持続を不安神経症と考えることができます。人生は基本的に不確実なはずです。ですから患者は「漠然と恐い」「何となく不安」と表現するのです。

D　恐怖症（phobia）

恐怖症も多かれ少なかれ人がみな体験しているものの過剰です。ただその恐怖に本人が自分の手に負えないほど圧倒されている場合、あるいは生活の範囲を狭窄化している場合に、「症」という呼び名をつけているとと考えてよいでしょう。だから、その人が直面する対象、あるいは追い込まれる状況や状態が恐怖を喚起しやすいものなら何であれ、恐怖症の対象になるので、種類はたくさんあります。広場恐怖、閉所恐怖、高所恐怖、尖端恐怖、疾病恐怖、動物恐怖など。歴史的に一番最初に「恐怖症」の名が使われたのは、広場恐怖症ですが、閉所恐怖とあわせて、今日「空間恐怖症」と呼びます。また日本人に多いとされているのは対人恐怖ですが、対人恐怖自身も人の目が気になる視線恐怖から自分の姿が気になる醜貌恐怖まで幅があります。このように時代的、地域的な偏差があり、例えば、昔は疾病恐怖で多かったのは肺結核、そしてガン、今ではエイズといった時代的な変化があります。また郊外から外の地域では蛇恐怖や熊恐怖がありますが、都市部では猫や犬、あるいは虫恐怖といった恐怖症がそれにかわります。

恐怖症の発症メカニズムは、抑圧されたものが隔離され、外側に置き換えられて排出され、それが何かの対象に投影されて、その対象が恐くなる、というふうに考えることができます。過剰投資の移動、所得移転です。

E 抑うつ神経症 (neurotic depression)

鑑別診断からお話しします。うつ状態で落ち込んでいて、いろいろなことに手がつけられない、気力がわかないといった場合には、古典的には三つのことが考えられます。反応性のうつ状態（悲哀反応）、抑うつ神経症、そして内因性のうつ病（躁うつ病）です。反応性のうつ状態、あるいは悲哀反応は何か明確な出来事、例えば、事故や近親者の死を契機として、その反応として起きる「うつ」です。内因性のうつ病は循環性の精神障害で、日内変動（朝元気がなく、よるに元気が出る）や躁との交代など、一定の特徴をもった精神病と考えられます。これらに対して、抑うつ神経症は、反応性のうつのような明確な喪失がなくても、持続しているうつ症状です。他のうつ状態との違いは、抑うつ神経症はうつ以外に神経症状や不安症状をもっている場合が多く、集中力が低下しやすい、また罪悪感などの内的に「くよくよ悩む」ことがやたらに多い。そのため、抑うつ神経症の起源は子ども時代に求められる、と一般に考えられています。つまり、幼児期に何らかの対象喪失によって生じた悲哀反応があり、それに対する防衛として、その喪失は「自分のせいだ」「自分が悪い」という罪悪感の内面化が起きると考えられます。「「「自分が悪い」のは悪い」のは悪い……」といった悪循環が頭のなかで反復されているというわけです。

以上の分類以外にも「離人症」「心気症」などがありますが、神経症の発症のメカニズムの大まかは、分かっていただけたでしょう。まとめると過剰な投資が身体表現、あるいは記憶に向けられると「ヒステリー」になって、過度に投資された感情を開放しようとします。観念に向けられると、思い悩む「強迫症」になり、懸命に頭の中を清算しようとして悪循環を起こします。またそれが未来の不確実性に向けられると、そしてリスクを回避するために漠然と分かるはずのないことへ過剰な心配が向けられると不安神経症になります。さらにそれがある特定の対象に向けられると恐怖症になります。また自分が悪いという、失われたものに対する後悔を自分のせいにすることで起きる悪循環は抑うつを生む、ということです。どの場合にも言えることですが、普通に、誰もが感じている感覚に、過剰に投資が行われているのが神経症の特徴で、そのために過度な部分が再帰してくる。そして悪循環を起こしているのです。特徴は、「でなければならない」と思っていることでしょう。ですから、再帰性の現象は、

「「「「……という自分がだめだ」と思う自分はだめだ」と思う自分はだめだ」……」と意識することがかえって、自分が「そうしなければいけない」のに「できていない」「だめな自分」について、悪循環が起こっているということです。

4 事例について

今まで精神分析の領域で神経症的悪循環(7)として指摘されてきたものは、精神構造の悪循環について語られてきたものです。また家族療法という家族のシステムを主に治療する立場では、人間

関係で生じるコミュニケーションの閉塞状況のことを、悪循環と呼んできました。精神内界、内的幻想だけを取り扱うか、人間関係のコミュニケーションのあり方を扱うかの違いです。でも、悪循環に陥る理由そのものは、このどちらの立場に立ってもでてきません。以下ここでは、内的幻想だけを取り扱う議論やコミュニケーションのやり取りだけではなく、社会経済状況というものが神経症的な悪循環に関連しているということを明らかにしようと思います。

まず事例について考えましょう。この事例は、かなり事実とは異なって、改変されていますが、ただ本論に関わる中核的な部分であるこころの力動だけは、変更を加えていません。症例A氏は四十歳の男性です。私のところを訪れた時の主な問題は強迫神経症で、ややうつ状態でした。

A氏は以前から真面目な性格でした。彼はサラリーマンの家族に長男として生まれ、父親はおとなしい性格で、母親がよくしゃべり、ほとんどの場合に母親の方に発言権、優先権があったといいます。彼の下に、二歳下の妹と四歳下の弟がいます。父方祖母と同居していましたが、嫁姑の仲は悪く、そのため母親はパートで外に働きに行き、おばあちゃん子として彼は育っています。地方の高校を卒業後に大阪に出て、高校の先輩の紹介で従業員が三〇人ほどの文具関係の小さな会社に勤め始めました。主に経理の仕事を任されていて、高校ではむしろ理系を専攻していたのであまり得意な分野ではなかったのですが彼が熱心に仕事をするので、主任に抜擢されていました。真面目で上司の人の受けも良く、仕事をしながら経理士の資格をとったという経緯もあります。見合い結婚で一〇年ほど前に結婚、一年半後に女の子が生まれます。さらに四年後に男の子が生まれました。だからもともと家族は四人ですが後述の事情によって、私が出会った頃には三人家族になっていました。彼が勤めはじめた頃は好況期だったので仕事の発注は多く、夜遅くまで仕事をしていました。だから先述のように仕事場では非常に信任が厚かったのです。ただ本論の主題である家族については「夫婦関係は良いとか悪いとか考えたことはない」といいます。仕事が忙しかったので出産に立ち会ったり、子どもの世話をしたり、あるいは家族とともにする機会もなかったのです。仕事の仲間といることが多く、家庭を顧みたことがなかったということでしょう。

彼がうつ状態に陥った頃にはいくつかの出来事が重なっています。まず自分の父親が肺がんで亡くなっています。かなりどたばたした状況があって、忙しくしていたのですが、さらに悲劇的なことが起きます。娘さんが交通事故で亡くなったのです。理由は、トラックの運転手の飲酒運転で、明らかに一方的な事故、過失でした。娘さんが亡くなった時に彼は淡々として、むしろ「妻のほうが取り乱していた」と言います。さらに悪いことに、娘さんの喪失を契機として、家庭の不和が顕在化したのです。伴侶である妻は対象喪失を埋め合わせようとしたのでしょうが、彼が「あまり家庭を顧みなかったこと、今まであまりにも父親らしい、夫らしいことをしてこなかった」ことを非難し始めました。彼のほうもこうした非難は思ってもみないことで、すっかり動揺してしまったので、あまり上手い対応ができませんでした。しばしば喧嘩が亀裂を生み、話は妻の実家の母親を巻き込んで、実家に妻が帰るということがしばしば起き、とうとう離婚争議にまで発展してしまったのです。

娘さんの葬儀の後に起きたこれらの家庭争議のなかで、彼はしだいに仕事に手がつかなくなり、うつ状態に陥ることが多くなりました。そうした状態に落ち込むと「自分が仕事の失敗をしたのではないか」ということがどうしても頭から離れなくなりはじめます。最初はごくささいな計算や書類の整理、あるいは書面に印鑑を押したかどうか、そういったことだったものが、強迫観念や強迫行動になりました。そこで、彼の妻はある精神科医に相談し、精神科医は妻と彼の双方を呼び、治療に当たることになりました。でも、離婚争議を治療に持ち込むことが多く、あまり話が進まなかったと言います。その間主治医は私を紹介してきました。紹介状には「強迫症状、うつ状態」とありました。

さて治療の開始が妻によって主導されたという点は、この治療を考える上でまず留意するべき点です。興味深いことに相談を勧めたのは彼の妻でしたが、妻は最初に精神科医に相談して、それ以後、私たちの治療に訪れていません。初回にA氏と妻の間で行われたやりとりはほぼ離婚争議と同じ内容です。同じことは最初の精神科医にも言えます。妻が主導で治療に来所したのですが、そこでは主に妻が夫の不満を言う場面が多かったらしいのです。紹介状には妻は「主人がおかしいのではないか、治療が必要ならばどんなものも受けさせて欲しい」と訴えて、しばしば「本人が治るかどうかが心配」と述べていたと言います。つまり精神科の治療とほぼ同時に離婚争議が始まっているのです。本人が治るかどうかという心配が、実は本人を自分が面倒見切れない、あるいは公の機関に任せることで本人が病気であることを確認して、離婚するのは当然だという自己正当化のために、受診行動が使われていると推察されます。

力動的に見ても、この種の出会いは問題が多いのです。実際、離婚争議のなかで私との治療は続けられましたが、主治医との治療は中断しています。Ａ氏によれば、あまり抗精神薬が効かなかったというのが理由でしたが、離婚争議に精神医学が使われたために、治療に対する不信感が募り、中断したという面も無視できません。私のほうはその主治医の紹介で来たときに、最初に自分から来所するかどうかということを、本当に必要だと思うなら始めようと伝えてあったので、その点が生命線になったと考えられます。

離婚問題に関して、こうした夫が家庭に不在で、家族を顧みないので、積もり積もった不満や不機嫌を理由に離婚するという報告例は『妻たちの思秋期』が書いているように、実際に増えています。溜まり溜まったものが噴出したという心理的な説明が主に行われてきましたが、実際にそうでしょうか。不満がある配偶者と離婚せずに生涯をともに過ごす伴侶の例は、実際には非常に多いはずです。だから私が根拠としている心理経済学の視点から見れば、これらの離婚の理由は多分に社会経済的なものだと考えられます。本事例もそうでしたが、妻が離婚を訴えるに至った経緯は、一見「精神科医に受診している」けれども、「そこで病気が改善しないため」という理由で、感情的、衝動的であるかのように語られています。でも話をもう一度整理してみると、精神科への受診を含めて、さらには私への紹介を含めて、それなりに社会経済的な背景が勘定されています。つまり離婚をして得られる利益、あるいは結婚していることに比べて離婚していることが損ではない場合に、離婚の選択が行われている可能性が高いのです。

5　結婚のための計算

人の無意識は基本的に現金です。無意識的に「もの」の流れを追っていけば、たいていは、うまく行っています。ただ病気になる人だけは、はけ口をもたないために袋小路に入っているということがしばしばです。この事例の場合、本人の話を聞いていくとそのことが分かります。そもそも妻が離婚を考え始めたのは出産をはじめとして、家事の多くを実家の母親に依存し始めた頃ではないかとA氏は言います。今回のことではなく、もっとずいぶん前から図ったものなのです。実際に、その頃から性的な交渉が全くなくなっています。では、どういうこころの経済が、背景に働いているのでしょう?

妻の実家の母親は、経済的に豊かで、これまでにも影に日向に妻を通して、A氏の家庭に起きる経済的な危機をサポートしてきました。その母親が同居を申し出てきたのは、その頃だったと言います。本人は問答無用と断ったのです。この時点で妻が非常に不愉快な反応をして何日も話をせずに、その後、実家に入り浸ることが増えたと言います。

また娘さんが亡くなったことは悲劇的なことですが、その後さらに「前にもまして妻が頻繁に実家に入り浸る」ようになったと言います。つまり第一子がいなくなった悲しみを家族で慰めたり語ったりするよりも、そうした悲劇がさらに家族の距離を広げたということです。妻の側の力動から見れば、それによって夫婦間が親として機能する負担が減ったと言う面は無視できません。ひどい見方かもしれませんが、妻も「娘がいたら離婚の話は出さなかった」と語っていると言いますから。妻の側からすれば、離婚しても良い、損にはならないし、利益が大きいという要素は増えていたのです。

彼との面接は主に妻に対する不満から始まりました。当然と言えば当然で、彼は働いてお金を家にきちんと入れていたつもりでしたし、家族というのはそういうものだと思っていたのに、離婚の申し出は寝耳に水というわけでした。自分が病気なのに、それに追い討ちをかけてきたと言うのも彼の印象でした。彼は、素朴な形而上学的「愛」を信じていました。

私たちはしばらく家族像についての話をしていましたが、その時に彼が気がついたのは、結婚した理由も含めて、妻のことは何も知らないということでした。そもそも結婚してから、性交渉以外は何ら接触がなく、それもかなり一方的なことで、今までに会話らしい会話もなかったと言います。A氏は面接をしながらしみじみと「こういう会話をしたことがなかった」と言います。「会社の人と話をしたことはあっても、家族と話をすることはなかったのです」と。彼の中には家族についての「蓄積（ストック）」がなかったのです。心理療法は、話をやりとりすることで、心の風通しの流れをスムーズにするという側面と、話をすることで整理をしながら自分の物語をストックしていくという側面があります。話していくことで彼が気がついたのは、家族の物語、ましてや夫婦の物語が全くないということでした。次第にA氏は心理療法のような会話があったなら、離婚が防げたかもしれないという、当然と言えば当然の結論を、自ら導き出していきました。

確かにストックとフローが、そもそも、彼の家族のなかにはなかったのです。そうしている内に彼は、自分にこの離婚の責任があるという意識をもち始めました。慰謝料も裁判所が決めた価格ならば構わないし、ましてや養育費は家裁で呈示された値段が少ないのではないかとまで思うようになったのです。

ある時、彼は自分の強迫症状についての連想の中で、父親の葬式の場面を思い出しました。父親の葬儀の時、彼は手続きや葬式のため忙しく立ち振る舞っていました。そこでとてもショックだったのは「父親の死を横目に皆が遺産の分配に関して露骨な争いをしていたこと」だったと言います。そんな肉親の姿に、父親に申し訳ないとは思わないのかと、内心A氏は怒っていました。さらに彼の妹はどこかに隠されたヘソクリがあるのではないかと探し回りはじめたので、とうとう「堪忍袋の緒が切れて、いいかげんにしろ不謹慎だ」と叫びました。すると妹はその言葉にむしろ逆上して、彼が東京に行ってからお父さんの面倒を見てきたのは一体誰だったか、最期を看取ったのは一体誰だったかと言い返され、そのことに彼は何も言えなかったといいます。

東京に帰る電車の中で、Ａ氏は妻に怒りが収まらないということをこぼして伝えますが、妻は「面倒を見てもらったんだから」と言い、そっけなかったと言います。彼の中には、「やりきれない思い」が強く残りました。父親について考える機会はまったくなくなり、むしろ、その場に居たたまれなくなり、葬式のこと、遺産のことを取り急ぎ済ませて、足早に帰京した自分のことばかり考えるようになったと言います。この頃、胃が痛くて血便が出たという理由で近くの病院にかかったというので、彼に何らかの変調も起こり始めたのでしょう。

さらに次にＡ氏が連想したのは、娘さんの事故です。彼は職場で連絡を受けましたが、ここからの連想はほとんど混乱に近いもので、一時的に精神病様の状態を経験したと推測できます。確かにその後も仕事は、十分に手につかず、しばしば何もしていなかったり、約束を忘れるような状態でした。家庭ではしばらく茫然自失の状態でした。そして、この頃にすでに、彼はほとんど自分の家族やその喪失について誰とも話していなかったのです。というよりも彼には話す相手がいませんでした。もともと妻は彼とあまり話をしなかったし、今までは仕事の合間に会話が成立していた会社でも、彼が仕事に集中できなくなると、仕事仲間は心配しながらも距離を置くようになった、と彼は感じています。そんな孤独の中で彼が悲しみを「清算できなかった」のは確かです。父親の死、そして娘さんの死が大きな喪失であったにもかかわらず、喪の仕事を共有する人はいなかったのです。

6　言葉とお金の交わるところ

このAさんの姿は、会社人間のお父さんと、家族の中のお母さんという分離を含めて、これまでの日本の社会の縮図です。お父さんは会社が前線で、その人間関係は社縁という会社によって支えられています。そして銃後のお母さんが子どもたちを支えている。これは戦時下の四〇年代にできあがったシステムで、多くの点で、これまでの日本の経済面での繁栄を支えてきたのです。

普段意識していませんが、私たちの生活は「お金」に支えられています。そのことを意識できないのは自明の前提だからということもあるのですが、お金に対して私たちが複雑な感情をもっているからです。マルクスはシェークスピアを引きながら、お金は神であると同時に、娼婦だと言いました。私たちはお金を崇拝したり、汚いと思ったりして、暗にお金に振り回されているのです。だからケチ＝お金に汚い＝愛がないといった発想で、この複雑な部分を私たちは見ないようにします。私が「心理経済学」という領域の研究を始めたのはカウンセリング場面で、お金のやりとりが非常に重要な役割を果たすということに気がつき始めてからですが、「心の動きとお金の動きというのはそれほど違うものではない」のです。心の経済という発想は、個人を理解する上でも、経済を理解する上でも重要です。にも関わらず私たちの社会では心と経済を別々のものと考えようとする防衛が働いています。理由の一つには、心について経済的な視点から整理がされてこなかったという学問的な問題もあります。伝統的な学問では合理と不合理、理性と感性といった二元論があったためですが、そのため感情を勘定できるものだと思わない傾向がどうしてもありました。そして特に今日の日本に、どういうわけかこうした発想が非常に強いということが気になったのです。

理由として私は日本の社会経済状況と心の関係を表すために「庇護社会」という言葉を使いました。心理経済学的に見ると、社会経済状況と「こころ」は相互に循環的な関係にあります。日本の社会を語る場合のキーワードは「甘え」「母性社会」などですが、この言葉と戦時下の一九四〇年以降の社会経済状況とはほぼ循環的な関係にあります。官僚主義的（共産主義的）な国家のレベルでも、雇用慣習などの企業のレベルでも、家庭の構造のレベルでも、そして個人のレベルでもおしなべて日本は擬似共同体である庇護社会を維持してきたのです。おかげで先進諸国に比べて、日本は戦時下でき上がった体制で経済成長を遂げたために、個人にとっても、企業にとっても庇護され（抱えられ）ている安心できる社会でありながら、高度成長を遂げました。ですから心の経済学から見れば、（一）日本が戦中戦後と維持してきた社会経済システム、（二）お金に対する態度、

（三）外部、つまり国際経済への態度という三つは、ほぼ同じ視点から語ることができます。庇護社会では、「お上」の前で皆が平等であり、「すべきこと」をすれば「お上」が自分を庇護してくれ、国家はいつも安心できる居場所だったのです。同時に、プレーヤーはあくまで庇護者である国家（あるいは）企業なので、「お金」は「お上」の運用するものであり、それを貯めて、平等に皆に配る「もの」ではあっても、個人が投機や投資で使う「もの」ではありませんでした。そういう意味で交流のための「お金」は外国語であり、外部に属していました。

世紀末の日本で不況を引き起こした遠因は溯れば切りがありません。まず近いところではプラザ合意、その結果引き起こされた円の高騰、さらにはバブル、最後に総量規制があります。バブルの後始末の時期に政府が財政改造を行い、公共投資をカットして消費税をあげたことは、明らかに失敗で、引き金の一つでした。あの時、好況でもないのに、緊縮のほうに政府が走り、当時の世論全体が、あたかも緊縮財政を悲願のようにしてこの流れをバックアップした理由は、経済学的な発想からは理解できない、あくまで心理的なものでした。つまり今日の不況は金融の泥沼状態から始まりましたが、少なくともここに至るまで直面している現実を見られなかったのは、庇護社会の心理的な特徴に理由があるのです。多くの日本人には経済が分かっていませんでした。外部で進行していた大きな国際金融の世界を個人はもとより、多くの企業、銀行にも見えなかったのです。同じことがAさんにも言えます。彼は会社で一生懸命頑張っていればと思い込んでいましたが、お金の領域では、すでに妻が彼のお金を必要としていないということには気がつきませんでした。その代わりに妻が、「こころ」の交流を求めていたことなどはじめから眼中にありませんでした。

彼の強迫症状のことを考えるなら、彼が仕事で「失敗したのではないか」という内容で強迫が起きたことは、興味深いものです。そもそもA氏において、精神的なバランスを支えていたのは、主に会社でのやり取りであったと考えられます。家庭やそれ以外の場面はほとんど交流がなかった。ですが対象喪失に伴う家族の亀裂に直面化して、彼は仕事に手がつかなくなってしまったのです。「仕事が生きがい」と考えていたA氏にとって、これはかなりの痛手でした。いえ、「生きがい」というあいまいな概念ではなく、心のストックとフローという視点から見ればより分かりやすいでしょう。おそらく彼にとって話をする唯一の場面は仕事場です。そこで起きていた交流によって彼のストックとフローが上手く循環していました。仕事場は、お金と「こころ」の循環が起きていた場所でした。ところが仕事ができなくなり、そのことを気にするようになって、彼の心の経済はかなり悪い袋小路に入り込むことになったのです。彼が、仕事が上手く手につかなくなったその当時、彼は自分の言葉が周りから「軽んじられるようになった」と感じています。

私たちは面接の中で、彼が誰にも話さないことで、彼の内と外で循環していなかった感情について話していきました。彼の自由連想の特徴は、淡々としていて、強迫神経症者がそうであるように同じ話題にしばしばこだわっていました。主題は結婚、死に限られていました。それらは忘却されていなくても、面接場面はもちろんのこと、実生活の中でも感情を伴って語られたことは一度もないものでした。当初彼が思い出の中で話していたのは、主に孤独や悲しみであったのに、その話は実に淡々としていました。

ところがある時「正直言って、お葬式や手続きが忙しくて、娘の死を悲しんだこともない」と言いながら、葬式に触れる場面に大きな声で泣いたことがありました。治療者の方が、普段の彼とあまりに違うので、驚いたほどです。この時にはじめて治療者は、おそらく強迫神経症は、彼の解離された感情が「自分はだめだ」という抑うつ感覚によって補強され、神経症的な悪循環を起こしていたということに気が付いたのです。ただ泣いた後、A氏はすぐに取り乱したことを後悔して、淡々と連想を続けました。「どうもすいません」と言う彼の言葉に、治療者は「すいませんと思うことで、私にも出せない気持ちが今までにも、そしてここでもあるんですね」と解釈しました。

解釈の結果、A氏は子どもの頃のことを思い出します。子どもの頃母親と姑の仲が悪く、よく父親と母親がけんかしていたこと、そしてそのため母親がパートに出て、自分が主に祖母によって育てられたこと、さらには父親と母親の仲が悪いのは自分のせいだと思っていたことを思い出しました。自分のことを「いけない」と思いやすい理由はここらへんにあるらしい、とのことでした。その後解釈の際に、この話題はしばしば取り上げられ、自分の性格が「物事を自分のせいだと思いやすく、自分はだめだと思った時点で感情を押さえてしまう」という、だめな自分について、しばしば意識化されていったのです。

また仕事場と同じようなエピソードは小学校と中学校にありました。小学校では少年野球をやっていてレギュラーでした。周りの仲間とも楽しく話ができていたのに、一度骨折したのをきっかけにして、野球に出なくなり、するとその仲間たちとも疎遠になってあまり話ができなくなり、それが全般になって、小学校時代はあまり周囲と話さない子どもになったのだといいます。中学校時代には勉強に関して、同じようなエピソードがあります。Ａ氏によれば「上手く行かなくなると話し相手がいなくなる」というのです。

7　損害賠償のダイナミックス

自由連想の中で治療者の印象に残ったのは、娘さんの葬式とその手続きとが、父親の葬式と同じように、悲しみを剥奪する体験になっているという印象でした。娘さんの事故の相手は酒帯運転をしていたための過失による交通事故であったので、その後すぐに損害賠償の話になりました。そこで妻は相手に謝罪と多くの慰謝料を求めることを強く主張、さらには保険会社の人が仲介に来たときには妻は取り乱してしまって、すべての対応を彼がしなければならなくなったのです。興味深いことですが、主にこうした手続きに対処した彼は、淡々と対応しながらも、「ああこれで娘が亡くなったんだ。こうやって清算していくことなんだ」と思ったといいます。明らかにそこで表現されるべき感情、悲しみ、遺恨がここでは失われています。「娘を奪われた恨みが長く心に残った」のは、こうした手続きに何ら関与せずに、彼にまかせっぱなしだった妻の言葉です。妻から見ると、A氏はあまりに事務的だったというのです。A氏には、お金のやりとりと「こころ」のやりとりが切り離されていたわけです。その後、妻はしばしば娘さんの死にあたった彼について、この点を責めています。それをどうして許せるのかというのです。でもA氏は、「妻はそれがどれほど事務的だったのかは知らないのです」と言います。賠償をめぐるもろもろの対応に追われ、しかもそれを理解して、金銭的に換算しなければならなかったので、それどころではなかったというのです。

ある時、面接中に損害賠償というのが正しいのかどうかという話になりました。やや複雑なので簡単に説明するとこうなります。損害賠償の額は積極的損害と消極的損害、そして精神的損害とに分けられます。被害者が交通事故などで死亡した場合、積極的損害は葬儀費にあたります。消極的損害というのは分かりにくいのですが、逸失利益と呼ばれ、将来もし被害者が生きていれば得られていたであろう利益です。今回のような未成年の場合、いわゆる賃金センサスに基づいて、十八歳の初任給平均額に一定の係数（新ホフマン式）をかける、あるいは全年齢の平均給与額にライプニッツ式係数をかけて出します(8)。こうした事情を彼は良く分からなかったし、私自身も後に調べて分かったことですが、当時の彼は漠然とではありますが、その算定方法にそれなりに納得したそうです。「こころ」の意味付けは、そこでなされませんでした。

でも面接の中で、彼が慰謝料に、納得できていないことが話にのぼりました。彼にも納得できなかったのが慰謝料です。そもそも慰謝料を死者に払うということは法律でも議論になっていますが、彼は慰謝料の算出が、保険会社を介した相手の対応はごく慣例化したものであるという印象を思い出しました。第三者が介入したほうが問題が起きないという配慮が働いているのは分かりますが、その対応はあまりにも定式化されすぎているという印象をA氏は受けたのです。一般的に慰謝料は一家の支柱であったかどうかを基本にして算出されます。その一方的な決定はあまりに「話にならない」という印象でした。けれどもこれまでの文脈でお分かりのように、彼は周囲の人々と心理療法で行われたような話を、そもそもしていなかったので、話になる人がいなかったのです。

面接をしていく中で、彼はしばしば失ったものが何であるのか分からないと言いながらも、娘さんが幸せだったかどうかと問い直していきました。「彼女が生きていたとしても、私はあまり彼女と関わらなかっただろう」とか「今のように家族がバラバラになってしまった姿を見るより、良かったかもしれないですね」と死が必ずしも喪失を意味しないのではないかなど、死の意味について考えるようになっていきました。精神分析の指摘を待つまでもなく、喪失には失うことに伴うもろもろの感情があり、なかでも恨みや怒りが中心を占めています。だから彼が死に関して失われていたものが、こうして悲しみとして体験されていったことは臨床的に見て意味が深いのです。喪失は体験され、彼のうつはかなり改善されました。彼が言うには「もしお金のことが、こうして話し合われている中で決まっていくと知っていたら、こんなことにはならなかった」そうです。お金は交流の一部でこそ、意味がある、これはすでに「もの」に関して、これまでお話しした通りなのです。これは損害賠償を考える上でも、非常に重要な指摘だと考えられます。つまり一方的に基準として決められている慰謝料や必要経費は、悲しみを清算することにはならないのですが、語り合われる交流の中でお金のことが取り扱われるならば、それほど苦痛ではなく、むしろ重要な恩恵、感謝と償いの機会となるということです。思いやりは交換（交流）によって生じるのです。

強迫症状は、その後、「少し気になる」という程度ですが存続し、しばしば彼を苦しめましたが、抑うつ状態で塞ぐことが少なくなった分、仕事場で上手くやって行けるようになりました。仕事が忙しくなるとそれどころではなくなって、治療は終結しました。

このように、損害賠償の心的なメカニズムを見てみると、お金の心理学的な意味が理解できます。お金には交換手段、支払手段、価値基準、貯蓄手段、計算手段などの様々な働きがあります。そしてK・ポランニーが指摘しているように、これら総てを担った貨幣が登場したのは比較的近代のことで、かつてはいろいろな限定的な使用方法が、それぞれの場面に応じてあったのでしょう（9）。実際、お金で関係を清算できる場合とそうでない場合があるのは、それぞれの場面でお金の働きが異なるからです。だからこそ、お金はいろいろな関係を明示的に示してくれるものであって、すべての力を担っていると考えるのは逆です。心理経済学的に言えば、どんな関係もすべて明示的に計算できるものと見なすことは関係を明示化するのに必要ですが、お金も「もの」の一つであるという認識を失うなら、それは意識的な均衡説と同じ限界、つまり等式に「当てはめてしまえば」上手くいくという発想に繋がってしまいます。お金のやりとりを言葉のやりとりと同じものと見なすことは、「もの」の交換は「こころ」の交流をスムーズにすると見なすことです。関係を金銭化することで、おそらく関係の価値が明示的になります。ですからお金は、関係の枠組みになるのです。ただ重要なのは、その算定の手続きであり、出てきた金額はその結果です。

8 心と経済の悪循環

この事例の神経症的な病理を理解するには、子供時代の心理力動、そして二つの対象喪失にまつわる家族力動の変化によって起きたことがほぼパラレルであるという点が注目に値します。もちろんそこには、

(1) 彼の性格構造が同じような状況を作り上げる、

(2) 人間関係の反復強迫傾向、

（3）　人間関係のパターン、
（4）　偶然の産物、

などの仮説が考えられます。（1）と（2）の仮説は主に精神分析的な仮説が準拠するもので、本人の内的な精神構造が同じような社会状況を作り上げるという仮説です。（3）は人間関係論です。（4）は外傷説がそうであるように、まったく外的な出来事や外的ストレッサーが病気の原因であると考えています。著者の意見では、そのどれもが心の状態、あるいは社会経済的な状況のどちらかを取り扱っている限り片手落ちであると思われます。確かに神経症症状は「袋小路」があって、J・ストレイチーの言い方を借りるなら、「神経症的悪循環」が起きて成り立っていると考えられます。ですがA氏において、おそらく父親の葬儀の時や交通事故の処理の時にその悲しみを解消できるような親類や家族がいれば、こうした反復は起きなかったのです。歴史の「もし」は意味がありません。それでも神経症的悪循環の理解にとって、ここで考えるべきことは、A氏の場合なら、話し相手がいなかったこと、すべてが性格や反復強迫傾向に起因するのではなく、A氏本人が、そういう生き方をせざるを得なかった社会経済状況があったということなのです。A氏がもう少し家庭に時間を割いていれば、事情はまったく異なっていたでしょう。でも、もちろんこれは本人の選択なのかもしれません。忙しくてもそういう印象を家庭に残さない夫婦関係が、ない訳ではないのです。そこには本人の遺伝的、生得的要素の強い影響や、精神分析が指摘する反復強迫が働いているように見えます。でもいかにそれらの傾向が強力で、抑うつ傾向は強く、うつ状態には陥っていたとしても、「失敗」にまつわる強迫症状とうつ状態との悪循環が、この傾向だけから起きていたとは考えにくいのです。

ここで先に別れる理由について述べた心理経済学的な説明を思い出していただければ、症状の発生の背景には、社会経済的な結びつきの変化があったことが分かります。つまりうつにおける悲しみと怒りの感情の剥奪が起きた背景には、家庭内での経済的な枠組みの変化があったと考えられるのです。それゆえ「失敗」があったとすれば、A氏がその点を意識できずに、妻の離婚を不意打ちと感じた点でした。彼はそうした関係を計算していませんでした。経済的な基盤という点から見れば、すでに彼は自分の悲しみを吸収してくれる居場所を失っていたのです。にもかかわらずそこでの喪失は意識されませんでした。というのも彼は父親（主人）は会社、母親（妻）と子どもは家庭という二分法が当然であり、そこには「愛」があるからだと思い込んでいたからです。そのため心理経済学という視点を導入することで、神経症的悪循環の新しい考え方が可能です。つまり神経症的な悪循環の特徴の一つは、

「神経症的悪循環が発生するのは、社会経済的な枠組みが関係（やりとり）を維持できないか

らである」

という点があります。その場合に「家庭はこうあるべき」とか「愛」とかのイデオロギーや思い込みは、ほとんど役に立ちません。人間は「べき」で動くのではありません。「したい」と「するとこわい」の間で動くのです。

逆に治癒のメカニズムから見るならば、損害賠償における第三者とカウンセリングにおける第三者のあり方は対比的であることが分かります。A氏は損害賠償について精神的なものの計算が十分に行われていないと語っていますが、おそらく精神療法が計算に入れるべきことは、こうしたやりとりの経済性であると暗に示唆しているのです。ちなみに精神療法は基本的にお金を介して成り立っています。だから治療関係の成立（治療契約）と金銭における契約とはほぼ同じことです。そしてその交換関係は、彼が発症した経緯においてはなかったことなのです。つまり経済的基盤を前提としたやりとりが、逆に彼の神経症的な悪循環に治療的だったということになります。

このように考えるなら、関係（やりとり）と社会経済的な基盤とは相互に循環的であることが分かります(10)。そしてもしそうだとするなら、本事例の神経症的な悪循環、つまり神経症の発病にあたって考えられるもっとも有力な仮説は、クライアントの主観的なものが、社会経済的状況とほぼ連動して、心の内側と外側にも悪循環が生じた時です。簡単に言えば、お金の切れ目が縁の切れ目であったということです。おそらくそこでの悪循環は出口を失っているので、あえて複雑系の言葉を使うなら「完全なる均衡」を起こしていると考えられます。そのため神経症的悪循環とは、心の中にだけでなく、「心と社会経済状況との間にも悪循環（完全なる均衡）が起きている」状態なのです。

注

（１）妙木浩之『心理経済学のすすめ』新書館、一九九九年。
（２）唯一邦訳されているのは、J・アプター（一九九二年）『デンジャラス・エッジ』山岸俊男・渋谷由紀訳、講談社、一九九五年であるが、S.Svebak／M.J.Apter（eds.）（1997）. *Stress and Health*. London:Taylor and Francisなど一連の示唆する内容の本が多い。
（３）J・ソロス（一九八七年）『ソロスの錬金術』ホーレイ・U.S.A訳、総合法令出版、一九九六年。
（４）J・フォン・ユクスキュル／G・クリサート（一九三四年、一九四〇年）『生物から見た世界』日高敏隆・野田保之訳、思索社、一九七三年。
（５）チョムスキーの生成文法については年代ごとに理論的な変化があるが、最近の理論のL.Haegeman（1991）. *Government & Binding Theory*. Oxford：Blackwellを参照した。
（６）R・D・レイン（一九七〇年）『結ぼれ』村上光彦訳、みすず書房、一九七三年。

（7） J.Strachey（1934）. The Nature of the Therapeutic Action of Psycho-Analysis. *International Journal of Psycho-Analysis*, 15:127-159（IJP).

（8） 小河原泉ら『損害賠償の法律全集』自由国民社、一九九五年。

（9） K・ポランニー（一九六六年）『経済と文明』栗本慎一郎・端信行訳、サイマル出版会、一九八五年。

（10） 妙木浩之『父親崩壊』新書館、一九九七年。

第六章　「心」の弱さ

1　意識的ということ
：あなたは眠くなる

ここでお話ししたいのは「〝心〟というか意識や精神」の弱さについてのお話です。本章では「こころ」と言わずに心という漢字を使いますが、理由は意識的な精神状態のことです。これまでの「こころ」が英語のpsycheならば、心はmindに当たります。mindには「心配」「気がかり」という意味があります。デカルト的な主体、自我と言っても良いものです。特に、暗示や心理操作に対して、いかに私たちの「意識」が弱いかということです。一言で言うなら私たちは自己意識、そしてそれに対応して外敵という図式に対して弱いのです。理由は「共同体」「自己」「内部」、あるいは「アイデンティティ」といった考え方が私たちにとっての「居場所」「安心」と同じものと見なされやすく、同時に外敵に対する勧善懲悪という発想が非常に分かりやすいからです。「暗示」「洗脳」「心理操作」がそうした図式を使うのは、そのためです。

共同体の原型は村社会と言われています。村は非常に居心地の良い場所ですが、同時に村社会では村八分という独自の排除システムが働いていて、排除と統合が行われていました。この領域で、非情に強力な力が働いているということを、「村八分」妄想を例にして示したのは長井真理氏でした(1)。村八分というのは、村の慣行に従わない人を制裁する慣行のことです。制裁のもっとも極端なものは「追放」つまり現実的迫害で、その次が村八分で、村の人たちと交渉が絶たれるというものです。「冠、婚、葬、建築、火事、病気、水害、旅行、出産、迫害」のうちで、「火事と葬式」を除いた八分すべてにおいて、交際を絶たれるという意味で、村八分。主に村の慣行規約に背いた人たちに、その裁定の合意が発動されます。つまり共同体に、排除したり、統合したりするメカニズムが働くような、一つのアイデンティティがあるということです。

この点で確かに集団はアイデンティティや自己をもつ一つの個人の「意識」のようです。集団は社会心理学が扱っている対象ですが、同調性や衆人環境、あるいはリスキー・シフトといった問題は、前の章でお話しした再帰性と逆転現象というコンセプトを使って理解できるものです。アッシュの実験の例をあげましょう。ある人に明らかに長さが違う図を見せて、そこにサクラと呼ばれる人に参加してもらって、「同じだ」と言わせる実験です。サクラが三人を超えると同調現象が起きて、違う図なのに、「同じだ」とその人も言ってしまいます。三人になると集団という単位が明示的になるので、個人と集団の間で再帰現象が起きるのです。あるいは「興奮」が「不安」に、「平静」が「退屈」に、相互に逆転する逆転現象のなかで、危機愛好型と危機回避型という二つのパターンがあると言いましたが、前者がリスキー・シフト（みんなで渡れば怖くない）、後者が衆人環境や社会的な手抜き（誰も積極的に関わらない）という現象から見て取ることができます。「集団」があるまとまりをもてば、それ自体で、一つの主体＝意識と見なすことができるという点で、個人と集団は同じ物です。同じように排除と統合が起きます。

集団をどのようにして動かすのか、ということは近代に入って大きな問題になってきましたし、現在もそうです。「暗示」「洗脳」「情報操作」、いろいろな言い方がされてきましたが、要は、集団をどのようにして、意識的に動かすかということです。特に「洗脳」という言葉が盛んに使われるようになったのは最近です。中国で例えば捕虜となった兵隊を一定のイデオロギーに思想改造をする場合にこの言葉は軍事的に使われていました。ところが現在、この言葉はいろいろな文化的な領域でさかんに使われているのです。オウム真理教の例を見ても、新興宗教の勧誘法にこうした手法が意識的に取り入れられているのは事実らしいのです(2)。戦争で使われたテクノロジーが少し時間をおいて、日常生活に還元されるようになるのは世の常です。でもこの暗示、洗脳やマインド・コントロールという方法がどのように、どの程度使われ、そして有効に人々の心に影響を与え、その結果としてそれをどのように制御していったらいいのかという心のエコロジカルな側面については、まだまだ分からないことが多いのです。ここでは心理操作とプロパガンダという二つの側面から、このことを少し考えてみることにしましょう。

2 ヒットラーは国家を洗脳する
‥あなたは眠くなる

心理戦という発想をもとに、宣伝謀略の手法を大衆操作に用いて、国家単位で成功したのはナチズムの第三帝国であったと考えられています。それ以前にもレーニンが新聞などの印刷媒体による宣伝、あるいは演説におけるライブスピーチによる扇動の重要性を指摘していて、その後のロシアに大きな影響を残しています。でも組織的な宣伝を積極的に行って、大衆を操作的に導いていったのはやはり第三帝国です。ヒットラーが獄中で書いた手記『わが闘争』の中には、ドイツの敗戦における重大な要因として敵の宣伝謀略をあげて、そもそも大衆は情緒的に、主観的に反応するものであり、そのため宣伝は「短く制限し、これを絶えず繰り返すべきである」と書いてあります。大衆心理に対して分かりやすく、感情に訴えかけ、そしてそれを繰り返す。その後のナチズムの運動は宣伝、扇動、そして心理戦争という点でかなり徹底したものでした。ゲッペルスによる宣伝省の果たした役割が大きいのですが、それらは、分かりやすいキーワードやシンボルの創作によって国民の志気を高めるとともに、体操やグループ活動の奨励によって子ども達のエネルギーを従順で単一の目標に向かって発散させ、そして映画や近代的なメディアをはじめできるだけ多くのメディアを使って人々の五感に訴えるものです。彼は自動車や発声映画、そしてラジオがあったからこそ国家社会主義的ドイツ労働党が勝利したのだと明言しています（ナチズムと自動車や飛行機を礼賛する未来派美術運動との初期における癒着とその後の離反は、近代におけるメディアの発達とその問題点を理解する上で重要です）。

興味深いのは、ヒットラーの演説扇動に使われたその「演劇モデル」とでも言えるやり方です。主に建築家であるシュペールが脚本を担当したと言われますが、「スペクタクル」と呼ばれた党大会、そこでヒットラーの演説がはじまるまでには、軍事演習さながらの荘厳な舞台装置が用意されます。ニュルンベルクの歴史的な場所に野営が張られ、象徴である鉤十字、鷲の紋章などが空間に浮き上がり、演説台はライトアップされて暗がりにいっそう大きく見えるようになって、音が何倍にも増幅されるように音響効果が整っていきます。勝利の歓呼が鳴りやまない頃、大会が最高潮に達した頃を見計らってヒットラーが登場するのです。そして、先に挙げた宣伝扇動の基本法則に従って、大衆に訴えかけます。そこにいた人々の中で集団ヒステリーが形成され、そして暗示がかけられるというわけです。しかも内容は単純、英雄崇拝とアーリア民族の一致団結と復古、そして敵の明確化です。敵は当初ベルサイユ条約を結んだ裏切り者と、共産主義者やユダヤ人です。目的は、大衆に共通の敵を与え、そしてベルサイユ条約以降のドイツ人の劣等感を戦闘による自尊心と士気へと変えることです。

この「演劇モデル」は確かにシェイクスピアの『シーザー』の中でアントニウスが行っている扇動演説を見れば分かるように、歴史的に古いようにも見えます。いくつかの心理学的な事実の発見を除けば、レトリックの利用そして扇動という大衆への説得のやり方自体は、今も昔もそれほど変わりはないでしょう。もちろん戦争における国民の士気の重要性という国家観、あるいはG・タルド以後に見いだされた「大衆」心理を扱っているという面で、このやり方は近代的です。しかし決定的に近代的なのは、大衆の感情に訴えて繰り返すことで暗示をかけるという催眠効果を狙っているという点です。そしてそれによって観念の洗脳的な変更が可能だと考えている点です。個人がもっている確固とした信念において洗脳ができると考えているのです。ゲッペルスは言います。「言葉というものは、ある観念に別の衣をまとわせてつくりかえることができるものである」、と。そしてそれは「どんなに確固とした信念であっても、その土台を浸食していって、それに代わるべき新し

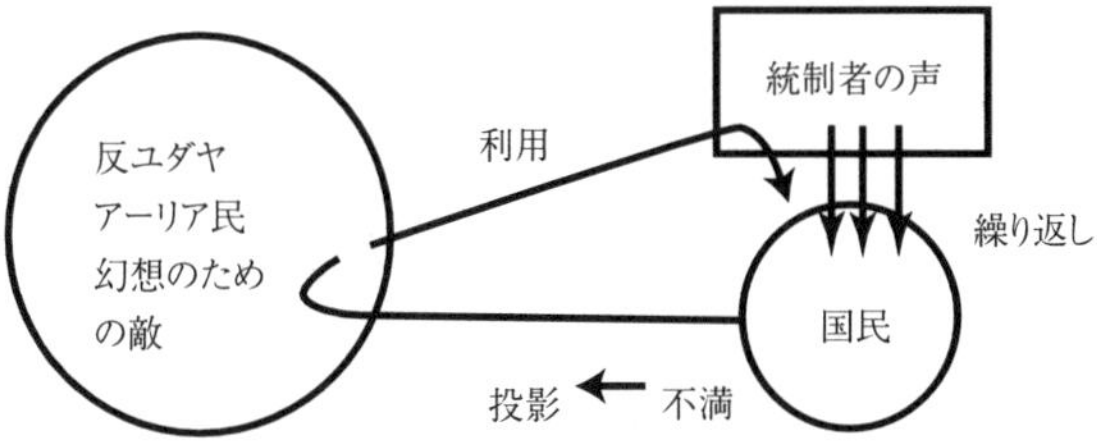

図10 ヒットラーのプロパガンダ

い観念を構築することができるのである」と。

分かりやすく、感情に訴えかけ、それを繰り返す。暗示の効果をもっとも高めるために使われたこの方法を図式化するなら図10のようになるでしょう。

そして二つの原理を抽出すれば、それは、

(1) 分かりやすく五感に訴える。
(2) 分かりやすく繰り返す。

になります。

図の中で「投影」という言葉が使われていますが、これは世界を敵と味方に二分して、敵の方に自分の不満をぶつけ、悪いのは敵だと思うプロセスであると考えて良いでしょう。フロムやミチャーリッヒが述べているように、ドイツ国民の不満がナチズムに、英雄崇拝に傾いていく過程にはこうした投影のメカニズムがかなり積極的に働いています。投影によって、感情体験は善悪に二分されてとても分かりやすくなるとともに、自分の不満や劣等感が相手によるものであると思えるために、物事がとても感覚的に分かりやすくなります。暗示のために敵と味方を単純化したこと、そしてそれを分かりやすくいろいろなメディアによって五感に訴えることを繰り返したこと、これがヒットラーの洗脳原理と呼べるとすると、教本をはじめとして、多くの場合、今日の教育もこの原理に沿っていると考えられるのではないか、という疑問すら生じてきます。

3　フロイトはヒットラーの同時代人である
：あなたは眠くなる

ナチズムと反ユダヤ運動の台頭にしたがって、ウィーンにいたフロイトは日に日に人間社会に対する悲観的な考えを強めていったように見えます。若い頃に父が反ユダヤ的な暴漢に失礼な態度をとられたことが、父親に関する外傷体験となったというフロイトにとって、この環境は心から苦々しいものであったに違いありません。興味深いことに、フロイトは『大衆心理と自我の分析』の中で、ヒットラーと同じことを言っています。

「大衆はただ過度の刺激によってのみ動かされる。大衆に働きかけようと思う者は、自分の論拠を論理的に組み立てる必要は毛頭ない。きわめて強烈な映像を使って描写し、誇張し、そしていつも同じことを繰り返せばよい。」

大衆は感情的に動く。だから強い刺激によって暗示をかけ、五感に訴えていけば説得できる。そこでの暗示は、集団が一つの「共同体」であり、味方であり、そして敵を共有していることを強調していました。まさにヒットラーの言ったことそのものです。ル・ボンから今日のリースマンまで共通している多くの社会学者が共有しているこの大衆観を、ウィーンでフロイトはドイツのナチ化で目の当たりにしたのです。だからこそ敵に属していたユダヤ人のフロイトは「自我」のあり方を、つまり感情論に流されやすい大衆の中での自我の姿を分析しようとしたのです。

彼は指導者と被指導者の関係を父親と子供、自我理想と自我の関係としてとらえています。そして「それぞれの個人が多くの集団の一つの構成要素であって、同一化によって他面的に関係付けられている」ことを認めつつも、権威とそれへの同一化を最終的な問題としたのです。それは全体主義的な行動に流されて行きやすい自我のあり方の証明です。共通の自我理想が全体主義的な指導者から提示されたときに、私たちが流されていく方向はそれほど多くはありません。そもそも指導者が現れて、その指導者が図10のようなプロパガンダを使って大衆に訴えかけたなら、どうやって私たちは全体主義への防波堤を築くことができるのでしょうか。フロイトの「自我」論は、私たちの脆弱なあり方の中でどうやったらそれを築くことができるのかについての示唆のようなものです。おそらくフロイトの議論から一つだけ言えることは、それは図10の投影のような原始的なメカニズムを使わずに、民主的な指導者になること。つまりリーダーシップという幻想に自我理想を見いだすという選択が、全体主義的な同一化よりも少しばかり柔軟で健全であるということでしょう。

ヒットラーとフロイト、この同時代人たちはともに大衆心理を理解しながらも、前者が投影と暗示の力を積極的に使って英雄崇拝神話を完成させていこうとしたのに対して、後者は暗示の力を捨てて精神分析という「私による私のための私の洞察」をめざした方法論を獲得しようと努力したのです。とはいえフロイトがとても権威的な人物で、弟子達とのエディプス葛藤から生き残れずに、いつも弟子を破門し続けていたということを考えると、私たちは衝動と超自我との間で揺れ動く脆弱な存在であり、分かっちゃいるけどやめられない、ということを考えさせられます。

4　どこでも暗示を使っている

∴あなたは眠くなる

「共同体」「自己」それらを自分の内側と思い、敵を外部に作ること。これまでのように集団心理の理解という視点からフロイトの理論を見ていくと、フロイトが精神分析を組み立てていくために暗示を排除していくという過程が実に興味深いものであることが分かっていただけるでしょう。というのもクリスらが正しくも指摘しているように、「全体主義における宣伝は、聴衆を参加の方向へ

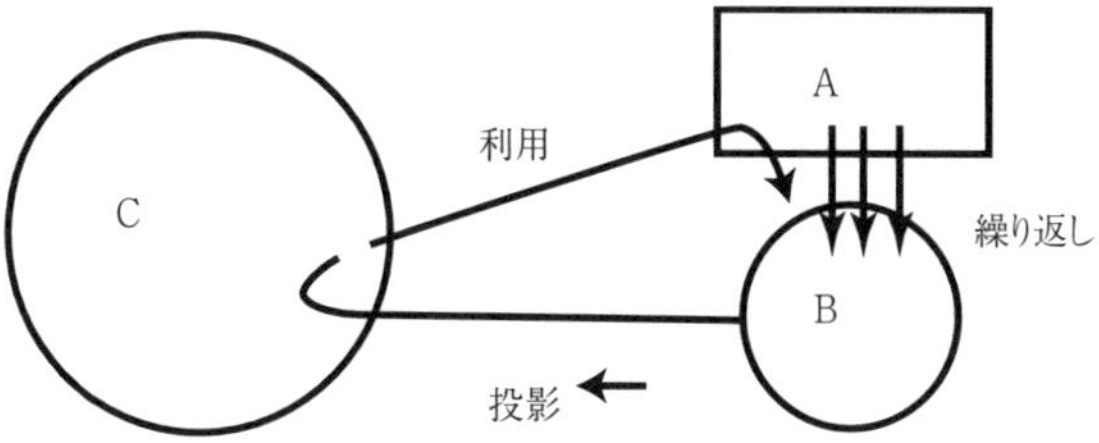

図11　治療者－患者－症状問題

揺り動かそうと試みる。それが特に好む設定は、目に見える指導者が集団に向かってはなすことである。それは催眠者とその媒体との間の関係をモデルにしたものである」からです。図11を見てもらえば分かるように、催眠に関わらず、医師-患者関係のプロトタイプの一つは症状に対し、医師が患者に治療を施すという図式が、伝統的にあります。

　だから図11のAの部分に「治療者」、Bの部分に「患者」、Cの部分に「症状」をそれぞれ割り振るなら、一つのよく知られている古典的な医療モデルになるのです。

　フロイトが催眠療法をやめた理由は、一つは彼が催眠は下手だったこと、また催眠にかからない患者がいたことなどがしばしばあげられています。実際『ヒステリー研究』の中でも彼が自分でそう書いています。そしてその後のフロイトは機会あるごとに自分が「暗示」を使っていないと明言するようになります。症例ハンスの中では「われわれの幼い患者は、分析中にも十分に自主性を発揮しており、彼に対して、「暗示」を受けたのではないかという嫌疑をかけることはできない」「この分析の細部をさらに検討していけば、われわれのハンスが「暗示」に依存していないことについての新しい証拠が、まだまだ豊富にえられるであろう」。ここでは催眠誘導の暗示だけでなく、説得の時に行う示唆という意味での「暗示」も、同じように排除されているのです。

こうしたフロイトの態度に対して、近年A・グリュンバウムはフロイトの著作を丹念に分析することで、暗示の排除は精神分析理論の根本的な問題であるとのべています。精神分析は暗示を排除することで、理論を作り上げてきたようなところがあるのです(3)。つまりフロイトは理論の根拠として、精神分析によって生じた神経症の治癒をあげていますが、この考え方は大ざっぱに言って、治ったから正しかった、現実に効果があったから正しかったという考え方です。グリュンバウムの言う「割符議論」と考えることができるのです。でも治癒したから精神分析は正しいというのでは、治療関係の中での暗示がどの程度起こるものなのかについては何も語っていないのも同じです。逆に暗示こそ、精神療法の治療的な要因であると主張する人々がいるので、その議論をフロイトの仮説はなんら排除しないばかりか、精神分析の中でも多くの暗示が行われているという点をなんら排除しはしないのです。

実際フロイトは晩年、割符議論を捨てています。私は今までの話である程度、その理由の一つを図10と図11の中に、そして『大衆心理学と自我の分析』の中に見いだせるのではないかと思うのです。フロイトは暗示の中に、権威主義的な傾向に傾きやすい自分への誘惑を感じとっていたのです。やや言い過ぎを覚悟で言うなら、その後北朝鮮や中国などの全体主義的な国家で洗脳のために用いられる技法の強さを十分に意識していたと言うこともできます。サロモンらの研究者が、捕虜となり洗脳されて帰ってきた兵士を観察して、その洗脳技術の結果に驚いたというのは有名な話ですが、大衆心理で可能なことは、逆に閉鎖した空間ではもっと完全な形で可能だというのも事実でしょう。医療はそうした暗示の力を潜在的に利用してきたはずです。暗示の力は、情緒的な関係が上手くいっていればとても強力なものになります。けれどもそれが上手くいかないときには、何だか分かりませんが悲惨な結果になるでしょう。おまかせ医療というやつです。つまり医療史の中でのフロイトの貢献は医者と患者のコミュニケーションを導入したこと、患者の「主体」を導入したことにあるのです(4)。それは暗示によるプロパガンダ構造の導入を避けて、転移-逆転移関係の中である程度コントロールできる形にし、その中でかろうじて柔軟な自我がある程度の自由度をもって、主体的に参加できる余地を残すことにあったと考えられます。

とはいえどのような場合でも暗示は排除できません。むしろいつも暗示が使われていると言った方が正しいのかもしれません。ファッション、流行、さらには思想、どんなものでも分かりやすく感情に訴えて、繰り返す。試みにAとBとCにいろいろな言葉を入れてみることをお勧めします。「治療者」「患者」「症状」のところに、あるいは「投影」「利用」「繰り返し」の部分に。

さらにもう少しビジネスとして、この構造を利用するなら、「セミナー」「受講者」「悩み」、そして「投影」「利用」「殻を破るための実践」というふうに言い換えてもいいでしょう。そこで「自己実現」というプロパガンダが、自我理想として使いやすいので、みんなでそれをめざしてがんばろうということになります。しかしそこでの自己実現というのは、ほとんど有名無実の実体のないものではないでしょうか。

5　サブリミナルな悪魔：あなたは眠くなる

共同体や自己といったものが、私たちの安心の基盤であるなら、暗示が先にあげたパターン、つまり自己のまとまりを外敵を使って作り上げようとするパターンは、変わることがないでしょう。これらの「心、意識」は、内側を作って、外敵を共有することで作り上げられるのです。しかも現代のプロパガンダ、あるいは心理戦はヒットラーの原理よりもさらに巧妙なものになっていることをつけ加えておくべきです。それはサブリミナルなメッセージの利用ということです。『メディアセックス』や『メディアレイプ』といった本が、この点をかなりスキャンダラスに強調しています(5)が、有名なのは、映画のコマの間にコカ・コーラの宣伝を分からないように入れてみると、映画終了後に多くの人がコカ・コーラを飲みたがるというものです。

知らず知らずのうちに、というサブリミナルな心理戦は、今日盛んに使われています。最近話題になったのは湾岸戦争時のアメリカの情報戦です。完全な報道規制という面でも成功したこの戦争には、多くの心理戦が用いられていたことは、ジョン・マッカーサーが『第二の戦線』で分析しています(6)。有名なのはイラクのクウェート侵攻後、在米クウェート人の市民連合が、アメリカの広告代理店ヒル＆ノールトンを雇って行った一大キャンペーンです。国連をはじめ公聴会が開かれる。九〇年十月十日には米下院委員会で公聴会が開かれ、十五歳の少女が涙を流しながら、イラク兵が病院で新生児を保育器から取り出して、ほったらかして殺した、と証言したのです。この非情なイラク兵のイメージはその後いろいろなところで使われることになりますが、マッカーサーが明らかにしたところでは実はこの少女は駐米クウェート大使の娘で、戦場においてそういった虐殺の証拠は見出されませんでした。つまりこれは「こんな悲惨なことをする敵」というイメージを潜在的に国民に植え付け、戦争への士気を高めるためのイメージ戦略でした。

サブリミナルな方法が登場してきたのはいくつかの理由があります。情報社会の高度化とそれによる個々人の心理の流動性ということが一番の理由でしょう。情報に対して個々人が流動的になると、それだけ情報に対する評価や対比が容易にできるので、演説における扇動ほど簡単に人々の心をつかむことができません。例えば先のヒットラーの原理を余り単純にプロパガンダに使っていて実質を伴わない場合、説得に失敗したら相手は以前よりもさらに硬化するという「ブーメラン効果」のようなものが起きるということが分かってきたのです。その意味で冷戦構造の崩壊は象徴的だと言うこともできます。というのも冷戦構造こそ、自分達の不満を互いの敵を投影して、敵からの脅威をプロパガンダにしてバランスをとってきた軍事プレゼンスだったからです。分かりやすい敵との対立とそのための一致団結という図式が、投影のメカニズムを中心に動きやすかったのです。

フロイトは、暗示を排除することによって精神分析が証明されると考えたために、そのやりとりの中での暗示の分析を積極的に行わなかったのです。もちろんその態度は、権威的な全体主義的な傾向への防波堤になるという積極的な面をもっていました。しかし現代のサブリミナルな暗示の効果に対して、その態度はあまり効果がないように見えます。私たちの「自己」はそれほど明確でも確固としたものでもないので、既に、暗示はいろいろなところで私たちの生活にサブリミナルに滑り込んでいるはずで、そのイメージ戦略の手法を十分理解しておく必要があります。

フロイトは暗示を排除しました。そのために一面では新しい治療者‐患者関係を創作し、精神療法を大幅に進歩させたと同時に、うまく行けばとても強力な手段になったであろうコミュニケーションの技術をも閉じ込めたともいえます。現代の心理戦、サブリミナルなイメージ戦略は、フロイトが閉じ込めた暗示の力を最大限に活用しようとしています。今日の自己はますます巧妙な暗示によって、新しい戦略が必要とされていることになります。

6　そしてあなたはあなたは眠くなる

世紀末とは新興宗教カルト集団が多く登場する時代です。理由は社会経済的なものですが、だからこそ、私たちはもう一度意識的な心の弱さを再認識する必要があります。

ヒットラーの原理をもう一度ここで確認しておきたいと思います。

（1）　分かりやすく五感に訴える。
（2）　分かりやすく繰り返す。

教育、その他の多くの場面で使われるこの暗示の技術を、洗脳ととられることに露骨に不満を感じる人々がいることを知っています。現代を「心理社会」とか「心の時代」とかいう言葉で美化することがいかにたやすいのかも知っているつもりです。教育を洗脳だというつもりもないのですが、多くの教育場面でこの原理を洗脳的に用いている人がいるのではないかという疑問が、どうしても消えません。いえ、「心」が過剰になっていけばいくほど、この疑問は大きくなっていきます。おそらくこうした態度は両刃の剣で、まちがった暗示に簡単に乗らない反面、安心して信仰に身をゆだねることができない。信用と懐疑のバランスが、情報化社会に求められている態度なのです。

∴あなたは眠くなる

ここまで本章を読んだ人がいるとして、眠くなった人がいるかどうか。眠くなった人は、暗示がどのように滑り込んでいるか考えてほしいものです。眠くならなかった人は、暗示がどのように滑り込まないかを考えてほしいのです。眠くなった人でも次のことは考えてほしいものです。ただつまらない内容だったので眠くなったのか。内容とは関係なく、今眠いからか。

注

(1) 長井真理『内省の構造——精神病理学的考察』岩波書店、一九九一年。
(2) S・ハッサン(一九九〇年)『マインド・コントロールの恐怖』浅見定雄訳、恒友出版、一九九三年。
(3) A・グリュンバウム(一九八四年)『精神分析の基礎』村田純一ら訳、産業図書、一九九六年。
(4) 山崎久美子編『21世紀の医療への招待』誠信書房、一九九一年。
(5) W・B・キイ(一九九〇年)『メディア・セックス』植島啓司訳、リブロポート、一九九三年。

（6） J.R.MacArthur（1992）. *Second Front : Censorship and Propaganda in the Gulf War*. Hill & Wang Publisher.

第七章　日本は、恐慌への道を歩んでいるのか?

1　事例としての日本

世紀末の日本はいわゆる平成不況と呼ばれる経済状態に悩んでいます。この状態は戦後はじめて日本が経験しているデフレ危機で、主に国内要因に足を引っ張られて起きている不況です。六〇年代にあった資本の自由化、七〇年代の石油危機、あるいは八〇年代の円高による危機、どれもが同じように国外の調整要因が日本を襲ったものですが、国内でやることははっきりしていました。それらは製造業を中心とした危機であり、基礎を固める、生産を増やすといった対策がはっきりしていたのです。でも金融は信用という意味で、デフレは消費マインドという意味で、主に「こころ」の世界に直結した世界での問題です。本章では、心理経済学の方法を用いて、この「日本」という事例について考えてみることにします。

2 心理経済学の手法

世紀末のこれまでの日本は、山一證券をはじめとして、バブルがはじけてから金融界が非常に暗澹たる状況を呈していました。幸い、公的資金の補助、公共投資と一連のケインズ的政策が行われた結果、どうにか景気が底を打ったように見えますが、依然として大恐慌の道を辿っているのかどうか、という点で「大不況」論は、賛否両論があります。いずれも、専門家の意見なので、ある面では正しいのだと思います。ただ鈴木政俊氏が『経済予測』で書いているように、著名アナリストの予測は、結構外れているので、どの予測も全体的なものではないと考えた方が良いでしょう(1)。正確には、一人の個人の情報処理と認識の限界があって、どの視点からどのようにしてものを見るのかによって、良くも悪くも見えるのがこころの法則ですし、心理学的に言えば、社会が危険な状態なのは世論が一方向に向かってしまっている時の方で、賛否両論が出ている限りは、まだ大丈夫だという気がします。

これまでにお話ししてきたように、心理経済学というのは、人間関係を経済的な視点から読み直すという試みです。従って、応用問題として、逆に人間関係の出来事のように社会の変化を見るとどうなるか、という見方ができます。集団の論理と個人の論理は、エネルギーの流れや防衛という意味でそれほど大きな違いのあるものではありません(2)。ですから事例研究として、ここでは「日本」という事例のケーススタディをしてみましょう。

手続きについては次の通りです。

1　反復の発見
2　社会経済状況という枠組みの査定
3　相互作用の結果としての「こころ」の主題
4　枠組みの環境（外部）についての情報
5　社会経済状況の変化（テクノロジーや外的要因による）
6　その人（集団）の枠組みの変化

以上の六つの手続きで事例研究をしてみると、「こころ」の経済の大まかな姿は見えて来ると思います。

第一に心の経済の流れを理解するには、反復やその結果生じている悪循環を発見することです。原則的に、人、そして集団、大衆は反復を起しやすいものです。ですから今の時代に、日本という集団がどこにいるのかを考えるには、その歴史的な反復を考えてみると良いと思います。

3　反復の発見

まず反復に関して、一つは主たるプレーヤーが誰であるかという問題があります。主たるプレーヤーというのは、グループのなかの主たるメンバーで、そのグループの方向を決める人たちのことです。キーパーソン論とも繋がっていますが、集団の意思決定はかならずしも一人によって動かされているとは限りません(3)。複数の場合もあります。多くはアドミニストレーター（管理者たち）がその役目を果たします。これはすでに通説になりつつあると思うのですが、今日の日本はだいたい一九四〇年ぐらいに国家総動員法を中心に制度化された社会経済状況で、これまで発展してきました。いわゆる一九四〇年体制ですね。この制度はもともと満州国で、戦後に首相になった岸信介氏らの高級官僚が、実験的に行った制度整備がモデルになっていると言われています。もちろん、戦争中は混乱していましたから、軍が主権をもっていたにしても、制度は戦争中に官僚たちの手で整備されて、戦後はそれを主に官僚たちが支えて、発展してきたのです。ですから、今までの戦後日本の主たるプレーヤー、アドミニストレーターは、官僚たちだと言っても良いと思います。

歴史的に見て、これは明治期以降、日本の反復です。もっと言うなら、江戸幕府も同じです。幕府を引き継いだ明治政府は、近代化を急ピッチで進めるため、国を豊かにする方法として、武家社会を基準にして、つまり旧来の「お上」のやり方にあわせて作り上げました。この明治のシステムは、鈴木浩三氏が『江戸の経済システム』で指摘しているように、江戸時代につくりあげられた政・官・業の関係と非常に似ています(4)。いえ、整備された官・業のシステムを、明治政府が受け継いだというのが正確かもしれません。鈴木氏が言うように、幕府は経済政策において、町人の業界自治団体を活用して、御用金を集めなければなりませんでした。そして、民間団体の人はその代わりに公的な保護や育成を求めたり、幕府に働きかけたりして、「持ちつ持たれつ」の関係が成り立っていました。今で言う護送船団方式の原型です。ところが江戸末期には外国が入ってきて、それを国内で政府と商業との間にあった米とお金の対立を激化させてしまい、結局、江戸幕府は外部を引き金としてマネー経済に倒れてしまったのです。それを引き継いで徹底させたのが明治期なのですが、そこでも主たるプレーヤーは官僚たちでした。官僚たちは、外部の発展に目を見張り、産業革命以後の他国の国力に追いつけ追い越せと必死になりました。今日では金融で起きていることの、産業バージョンです。官民一致体制での、富国強兵です。

明治は統一を必要としましたので、家族も企業も中央直轄になりました。家族では、武家にならって、長子相続の世襲性にして戸籍が整備されます。中央官庁が地方を直轄します。更に企業では、官僚が業界をとりまとめて、その産業を庇護していきます。そして国民全体が一つの家族のように、天皇を中心にまとまって、国を挙げて近代化につとめるという形をとってきたのです。日本は、明治天皇という武家的な天皇を父権的なカリスマの中心に、それを官僚たちが支えるような家族国家を一丸になってとりまとめたのでした。

中央、「お上」が成長産業を庇護して、それを発展するように育てる。この中核的な部分の反復は、基本的につい最近まで霞ヶ関を中心にして続いていています。ですから、明治期と戦後日本の一九四〇年体制との違いは、おそらく、天皇のようなカリスマがあったかどうか、という点だけです。この点は、拙著『父親崩壊』で書きました。現在の政治的な体制は、基本的に明治の制度の反復です。更に溯れば、江戸の武家社会の行政の在り方に起源があるのです。よく時代劇のパロディーで、悪い代官が悪徳商人と手を組んで、「お代官さまも」と下から見上げるように話し掛ける姿があって、ギャグになりますが、この姿がそれなりの力をもっている、つまりオールドニューなのは、現在にも通じるところがあるからです。

もっと言ってしまえば、象徴的には、地方の大名の参勤交代による江戸勤めは、地方の自治体担当者の省庁回りとして続いています。官僚の世界は純粋に派閥、学歴主義による年功序列です。官僚の人が非常に偉い、官僚の人=「お上」の決めることは正しいというのは、心理学的にあまり根拠がないと思うのですが、少なくとも今の公務員の世界ではそれが前提のようになっています。ですから護送船団方式というのは、古くから近代形成期まで、武家社会からの根深いものです。日本の社会の基本的な制度上の反復です。そして江戸や明治政府、あるいは戦後の安保体制がそうであるように、鎖国体制、あるいは半軍事的挙国一致体制が可能だったので、いくつかの危機を乗り越えて、予想以上に好成績をあげてきました。主たるプレーヤーが官僚であったために、官・業のルートにいる人々は、成長期に、産業界が成長産業に先行投資して発展しやすい環境を作って、社会を庇護してきました。そしてこの社会は、明治期には家族を、戦後は父親なき母子家庭を庇護してきました。官僚たちは長い間にわたって、社会を支え、成長させるスペシャリストであったのです。これが手続きの第二番目、日本という事例の社会経済状況です。私は、こうした枠組みを支える社会経済状況のことを「庇護社会」と呼びました(5)。

消費心理に関わっても、こうした庇護社会の構造が、企業や国民に「お上」に任せておけば大丈夫、「お上」のやることが正しい、そして何か問題があるときには「お上」に頼んで、解決してもらうという「甘え」の心理を育んできました。不況になれば、公共投資の大合唱が財界を中心に起きますが、これは「お上」がどうにかしてくれるべきものだという思い込みから来ています。これが日本が行ってきた反復の結果、日本人のこころのなかに作り上げられた主題です。「母性社会」という呼び方でも、「甘え」社会という呼び方でも、あるいは「ぼかし社会」という呼び方でもよいのです。いずれにしてもそうした社会経済状況が、この社会の「こころ」を支えてきたのです。相互作用の結果、日本の「こころ」の主題となりました。

4 日本が悪循環にはまる時

でもそうした反復では上手くいかなくなった時期というのがあります。理由は、先の手続きで言えば、四番目に当たる部分が非常に重要です。つまり「枠組みの環境（外部）についての情報」です。社会経済状況が神経症的な悪循環に陥ってしまって、従来の集団運営の方法では上手くいかなくなった時期、それはひとえに外部の環境とのコンフリクトが引き金で起きたことなのです。つまり外部の、より大きなマネー経済との齟齬の問題が関わっています。

日本は江戸時代、地政学的に鎖国が可能だったわけですが、その日本が黒船という外圧によって引き起こされたショックで、近代化の大きな一歩がはじまりました。黒船は、日本人には重火器に見えたわけです。ですから近代化の外圧によって、日本の近代化も始まりました。むしろ、日本はいつも外圧でしか動いてこなかったので、始まらざるをえなかったというのが正確です。これは対外的な日本の反復です。

そもそも黒船ショック、そしてそれ以来の外圧の結果として起きた日本の内乱は、多分に外債の流入による経済的なぶつかり合い、覇権争いという面があります。さらに言えば、今日、討幕運動というものも、黒船ショック後の軍備増強と湾岸警備、長州との戦争などの御用金調達にまつわる財政的な破綻が引き金だったわけで、幕府が倒れていく過程も、実はお金の切れ目が縁の切れ目という面が強いわけです。江戸幕府の長い時代には、幕府によるお米の管理の流れと町人によるお金の流れの押し引き、葛藤があったのですが、その幕府が倒れたのは、結果としてお米の流れを管理する政治の側が、お金やその他の財を管理する、より大きなマネー経済に押し負けたという面があります。結果として悪循環が起きて、内乱、混乱の時代が訪れます。この混乱に対して、官僚たちが社会を整備するにはだいたい一五年から二〇年ぐらいかかりました。

もう一つ、悪循環に陥った時期というのは、昭和初期です。明治政府が安定してから、官僚たちのやり方は、日露戦争あたりまでは上手くいっていました。先にお話ししたような庇護構造で、国を取りまとめてきました。ところが、明治と大正の曲がり角におかしくなってきました。象徴的には明治天皇が亡くなったというのも大きいのですが、本当の引き金は、やはりマネー経済の問題です。一つには国際収支のやりとり、もう一つは国家予算という枠組みです。がもちろん、二つとも、海外のマネーの流れとリンクしています。

日露戦争は、列強も注目した近代戦のはじめの戦いです。各国の将校が、日本の戦艦に乗って、様子を見ていたほどです。日清戦争は、どちらかというと地域戦争だったのですが、日露戦争は国際的なやりとり、覇権争いの一部でした。もちろん、こうした国際関係でも、最も難しいのが経済関係です。

近代戦というのは、火器も含めて非常にお金がかかります。日本は、国内で一七億円近くのお金を、ほとんど国債と外債でまかなうという形で使ってしまい、それを増税で補填しようとしました（五割は外債でした）。この国債の過剰発行は、ボディーブローのように後で効いてきて、その後の経済に影響します。

でも第一次世界大戦による漁夫の利的な需要があったために、大正の時代ぐらいまでは、経済がまだ明るかったのです。ところが震災恐慌、そして昭和の金融恐慌で、豊かさは急に暗転して、一掃されてしまいます。金解禁と恐慌という不幸な偶然が作用しました。日本が金融市場で後進国だったという、今日と同じ状況がそこにはありました。発展途上の時に貧しいのと、国際収支や金融のために貧しくなってしまうのとでは、心理的な影響がまったく違います。前者は貧しいからがんばろうという気になりますが、後者はがんばったって、横から台無しにされるという心理を集団のメンバーに植えつけます。国は貧しくなり、そのため社会的な基盤を失い、非常に乱れて、テロが横行します。すでにお話ししたように、この時期に明治天皇のもっていた父権的な権威が空洞化したのです。こうした悪循環の状況で、日本はまた戦争に突入します。国際関係上、そして社会経済状況を考えると、昭和初期はもうポイント・オブ・ノーリターンで、すでに引き返せないぐらい社会が混乱していました。

太平洋戦争は、主たるプレーヤーがもう官僚ではありませんでした。北印進駐の例などを見てみても分かるのですが、日本の軍部は若手や中堅の軍の将校たちを、コントロールできなくなっていました。ここでは世代交代の問題がからんでいます。庇護社会の構造に長い間馴れてしまっていた日本の軍部も、失敗や反則に非常に寛大で甘かったのです。その甘やかされて育った子どもたちに、世代が代わりつつありました。主たるプレイヤーがこれまで明治維新以来の高級官僚ではなく、幕末を知らない世代の中堅将校たちになったわけです。

内乱と主たるプレーヤーの交代を引き起こした社会経済状況の悪化には、いつも大きなマネー経済との齟齬というのが引き金にあります。幕末もそうです。幕府と商人との関係が、昭和初期には自国の経済状況と国際的なマネー経済の流れとの関係に、拡大しているだけです。つまり江戸幕府の晩年の幕末までの流れ、そして明治期以来から昭和初期の混乱までの流れには、悪循環に向かう、ある種の反復が発見できるのです。簡略化すれば、自国を安定的にコントロールしようとする（鎖国的、あるいは保護主義的、軍事的な挙国一致状態）→対外的な覇権との葛藤、その結果、より大きなマネー経済の流れとの葛藤が生じる→社会経済状況の悪化（国債の発行に代表される借金）→悪循環、そして内乱と主たるプレーヤーの変化という反復です。悪循環の中で、主たるプレーヤーは、官僚の手を離れて混乱しました。良く言えば、建国の志士たちや軍閥といった、革命の志をもつ人たちにプレーヤーの交代が起き、悪く言えば深刻なテロがはびこりました。

さてこうして四番目までの手続きをしていくうちに、実は日本がもうひとつの反復、つまり外部との間でも反復を繰り返していることが明らかになりました。それは一言で言えば、日本は「いつも外圧で変化する」ということです。そして外部の大きなマネー経済との齟齬が、日本の社会を悪化させ、結果として変革を生むということでもあります。

ここまでお話ししてくれば、今の日本がまたその反復の内、少なくとも社会経済状況の悪化までのプロセスを踏んでいることがお分かりではないかと思います。今世紀末の日本で起きている不況、金融問題の引き金は、バブルです。そもそも今回のバブルは、海外の金融自由化を出発点として、そこで政府の土地政策と日本の証券市場が整備されていなかったという二つが重なってはじまりました。それは日本国内から見れば、ちょうど幕末期と昭和初期にあったような、大きなマネー経済との葛藤なのです。

この一〇年ほどの間に英米では、良く言えば、ハイパー資本主義、悪く言えばカジノ資本主義が世界を完全に斡旋しました。確かに大きなお金を動かし、豊かになったのです。ただ第一章でお話ししたように、これは変動相場制というきわめて難しいお金を人間関係で調整するようなやり方を導入した結果ですから、平成不況はいろいろな複合的な要因があるにしても、巨視的に見れば、より大きなマネー経済と従来の共同体の葛藤や齟齬です。庇護社会vsマネー経済、これが日本の主題です。この点で今の日本は、これまでにも悪循環に陥ったパターンと似たことをしています。

５　何が違っているのか

もちろん、違いもあります。一つは、日本は今では先進国で、基本的に日本のファンダメンタルが悪くないというのです。バブルとその崩壊後の不況から、立ち直っていないという点で、日本は反復していても、以前よりもはるかに豊かです。それに昭和初期には完備していなかった雇用の保障制度もしっかりしています。ですから反復の話は妙に危機感をあおるように聞いていただきたくはありません。これまでにお話ししてきたように、人間関係に強い影響を及ぼすのは社会経済状況です。ですから、不況と言っても、これだけ「もの」が豊かにあり、お金もある国で国内要因で、恐慌が内発的に起きるということはあまり考えられません。円高で右往左往するのは、マスコミのレベルであって、体力のある企業は一〇〇円前後で揺れ動きするなら大丈夫です。もちろん、企業によっては大損をするとかＧＮＰに影響するというレベルでは大きな損失だとしても、ある企業が損をするなら、ある企業は得をするはずだと思っていて良いのです。心理経済学の領域で仕事をするなら、この理解は重要ですし、冷静なエコノミストならば社会全体としては、社会経済状況という枠組みのキャパシティが大きいということはとても優位なことで、市場の瓦解とか、それほど深刻な危機だと思っていないと思います。為替の変動は輸入と輸出でゼロサムなのです。これまでの日本のシステム、庇護社会のシステムのおかげで、大きな公的資金の投入、低金利政策といった政府の対応にも、国民はそれなりに耐えています。このことは「お上」への盲従という反復の一部ではあっても、プレーヤーの交代が起きていないのは、それだけこの国は豊かなのです。

ですから日本の反復という視点から見て問題なのは、「外部」です。日本が悪循環の方に向かっているかどうか。この点は、実は日本そのものが認識できる範囲を越えていたし、これからもきっとそうです。円が基軸通貨になるという、気の遠くなるような未来を考えれば、そうではないのですが、今のところ、それは予測の外です。国内的に一時期、金融システムの瓦解を生み出す危険性があった以外には、カタストロフィーが起きる可能性は国内にはないと思います。というよりも日本はもともと国内的な要因で恐慌など体験したことはないのです。これは強調してよいことだと思います。日本発の大恐慌というのは、考えにくい、というのも先の大恐慌がニューヨークで起きたのは、ドルが基軸通貨だったからで、この要因は今でも変わっていません。ですから世紀末において心配なのは、やはりアメリカのドル、アメリカの赤字、アメリカの株式のバブルのほうです。情報として耳をそばだてて、目を見張るべきことは、ニューヨーク、あるいはアメリカ政府の動向です。ここでも社会経済状況の反復という枠組みが生きています。

もう一つの、歴史的には非常に大きな違いがあります。それはテクノロジーがもたらす社会経済状況の変化です。テレビ、AV、そしてコンピューター、携帯電話、インターネットなどなどの新しいテクノロジーは戦争を、そして社会経済を大きく変えているのです。思い出していただきたいのですが、前世紀末においてほぼ完成したテクノロジーは、人間の能力の物理的拡張でした。それらは第一次世界大戦、そして核爆弾という大きな反動（報復作用）をもたらしました。今世紀末は、人間の能力の神経情報系の拡張ですが、その反動がはたしてどんな姿をしているのか、私たちは知りません。分かっているのは、このテクノロジーがアメリカを中心とするグローバルな経済の世界と密接につながっているということです。

そのためにまず私たちは変動相場制のもとで、国際協調という不安定な綱渡りをしている現状の意味にもう一度目を向けるべきだと思います。為替レートの適正さは一体何によって考えるべきなのか、国際収支はいったいどれをもって望ましいと考えるのか、どれほど赤字国債が維持できるのか、こうした問いに対する答えは金本位制のときほど、明確ではないのです。それはドルが基軸通貨でいつづけるのが難しくなった歴史的な経緯の結果、そうなったのです。今、私たちの現在は、アメリカがドルを基軸通貨とするプライドを捨てて国際協調に依存しながら、自分の国内経済を金融システムの自由化によって回復させようとした歴史の、ほぼ出発点にいます。ヨーロッパも負けずにユーロを登場させ、通貨は新しい局面を迎えつつあります。ヨーロッパの動向をやはり六〇年ほど前に重ねあわせて、それが経済ブロック化現象だとするなら、これもまたいつか来た道ではないでしょうか。人間関係は、ブロック化が起きると、齟齬や葛藤の可能性が高くなります。この反復については、非常に長い間にわたって戦国時代を経験してきたヨーロッパの人たちはよく知っています。

ちなみに、大恐慌の後で、ケインズやフリードマンといった天才的な経済学者たちが、その教訓を生かしながら、経済を安定させるためのノーハウを定式化したという歴史があります。けれども、この定式化があるにもかかわらず、歴史が繰り返しているように見えるのは、もはや時代が情報化の大きな波の中にあるからです。すでに述べたように、これからの社会は「こころ」を計算に入れた対処が不可避になりつつあります。そして、そういう社会経済的な変化がまた新たな危機を生んでいるという側面があるのです。明治期が近代化の波、昭和期が国際化の波、だとすると情報化の波が今や世界に押し寄せています。もちろん公共投資、あるいはマネーサプライの変化といった手法が、肥大化したマネー経済の世界には通用しないわけではありません。ただ情報化社会とマネー経済というのは非常に密接に関わっている、ここに問題と同時に答えがあるのです。

情報化社会のなかで明らかになっていくのは、「こころ」が内在しているパラドクス（矛盾）だろうと思います。資本主義、あるいはグローバルな市場と「こころ」の関係にある矛盾点だと考えてもよいと思います。「こころ」と経済を結び付けようとした先駆者の一人はマルクスですが、マルクスの考えたことが重要になって来るのは、実はこれまでに行われてきて、衰弱してしまった共産主義社会の維持に対してではありません。資本主義の矛盾点が明らかになって来るこれからだと思います。疎外や革命ではなく、資本主義そのものの矛盾は、情報化社会の結果としてグローバル化がすすめばますます大きくなっていくことでしょう。これからますます情報の意味は重くなっていき、ますます経済と「こころ」の領域は近くなっていくと思います。ネットワーク社会というのは、他ならぬ「こころ」と社会、経済が近いのです。マネー経済が大きくなって、時代が国際協調を必要としているのもそうです。

6　タナトスと戦争

前の世紀末に国際化が起きたときに、国際協調的な政治の原型は、第一次世界大戦を挟んで行われていたはずです。でも上手くいきませんでした。失敗はドイツに多額の借金を残したことかもしれません。それによってナチズムの温床が育ちました。あるいは日本の石油を途絶させたことかもしれません。それによって「ニイタカヤマ　ノボレ」がはじまりました。でも思うに、こうした行き過ぎは国際社会では珍しくないのです。いずれにしても戦争は起き、問題は、この戦争を「こころ」がどう捉えるかではないでしょうか。

ここで精神分析家フロイトの話、というよりもフロイトを通してみた戦争の話をしておきたいと思います。第一次世界大戦から二つの大戦を挟んで、フロイトは、非常に悩んでいました。フロイトは自分が癌になり、生涯、三三回にわたる手術をすることになったり、個人的に孫が亡くなったり、ユダヤ人の迫害が激しくなったりと、非常に根無し草的な生活に悩んでいました。彼は第一次世界大戦の直後、一九一五年、そしてナチスが台頭する一九三二年に戦争に関するエッセイをそれぞれ書いています。興味深いことに、最初の論考には、戦争が一時的な攻撃性のために避けられないということが書かれており、二番目の論考には超国家的なまとまりをつくることで戦争が避けられることが書かれてあります。でも後者の論考が、あくまで、希望にしかすぎなかった歴史を私たちは知っています。

そもそも一般社会の中で争いや戦争が起きる理由は何でしょうか。心理経済学は、その多くの理由が社会経済状況にあると考えていますが、その発生についてはいくつか考え方があります。人が集まると、そこには必ずと言っていいほど争いが起きます。さらに言えば、戦争を起こすために、よりいっそう集団の凝集力が強まっているように見えるときがあるほどなのです。

理由として第一に思い浮かびやすいのは、人々が欲求不満を起こすような事態が原因となって、他の人や集団に対してはけ口とするという考え方でしょう。この考え方によれば、社会は通常の状態で、もし不況も貧困もなく人々が欲求不満を感じるような事態がないなら、基本的に平和で争いはまったく起きないと考えられます。心理経済学的にもそうです。貧困は羨望を生み出しますから、える「居場所」さえ、つまりセーフィティ・ネットさえしっかりしていれば、もちろん戦争もないと、考えることができます。こうした性善説的な発想にはいろいろなヴァージョンがありますが、例えば、フロイトは当初、征服欲求のような衝動を考えて、性欲に伴う男性的な機能として攻撃性を考えていました。つまり、攻撃性を一種の欲求充足の目的と見なしていたのです。これだと、それらの攻撃性が適度に満たされていれば、争いが起きることはないし、性の抑圧が解消されていれば、原則として社会に競争や覇権争いが起きることはないことになります。W・ライヒの性の解放の発想は、この路線をマルクス主義的な解放の線上でとらえたものです(7)。でも、性の解放をはじめ、解放を謳う社会運動がそれほど画期的な成果を残していないのみならず、解放の結果、登場した多くの集団が衰退してしまい、結果として争いや分裂、あるいは解散していったという歴史的な経緯を私たちは知っています。皆が平和を求めているのだから、平和を獲得するために戦おう、というやや矛盾した戦闘的平和主義者もちまたに多いですが、これでは本末転倒です。

また戦争や争いを引き起こすのは、一部の心ない集団や精神病理であり、そうした人たちがいなければ、争いは起きない、と考える人もいるでしょう。フロイトはその後、性本能とは別に自我保存本能のような衝動を考えました。攻撃性を、自我を守り保護する衝動と、見なすようになったのです。この場合、戦争が起きるのは、その生体が自分やその種族を守ろうとするためであり、外的な侵犯さえなければ戦争は起きない、ということになります。これも一理あります。「居場所」を侵犯されなければ、不安が大きくなることはないわけですから。この考えを押し進めていくと、自我心理学の言う、人の攻撃性があるのは環境に対して適応するためである、という考えになります。しかしさらにこの理論を進めていくと、戦争も争いもすべて環境側の過剰な侵犯によるものであり、原因は外にある、という話になりやすいのです。

でもフロイトは、この二つの理論を反古にして、有名な「タナトス（死の衝動）」を提案します。人は本能的に攻撃的だったり、傷つけあったりするものだ、そう考えたのです。これは「タナトス」を、人間固有の衝動として認めていこうとする見方です。この衝動をフロイトの個人的な体験に還元するかどうかはともかく、冷戦が終わっても尚、と言うよりも終わったからこそかもしれないのですが、戦争や争いが続いている現状を見ると、フロイトが考えたタナトスもまんざら、悲観主義者の発想と見なすわけにも行きません。フロイトは、人間がいがみ合ったり、喧嘩をするのは、それが本来備わっている衝動だから、と言うのです。

フロイト自身のタナトスに関する定式化は、それほど一貫しておらず、不快に向かう衝動だと言ったり、平安に向かう方向だと言ったり、ゼロの無機質状態への回帰だと言ってみたりします。フロイト以降の自我心理学者たちがこの衝動を認めなかったのもある程度しょうがないと思えてしまうほどです。ちなみに、タナトスの衝動の明確化を行ったのはメラニー・クラインの弟子たちで、彼らは「ばらばら」になろうとする衝動とまとまろうとする衝動とに分けて、前者をタナトス、後者をエロスと言い換えました(8)。発達や進歩とはタナトスよりもエロスが優位であるために起こる漸次的な前進運動である、という見方をしたのです。これは一種の綱渡りを人間が発達の過程でしているということで、失敗して「ばらばら」の方向に逆転してしまう可能性をいつも秘めているということです。ですから人は何で集まるのかを、この理論で説明するなら、エロスの方が基本的に強い衝動だからだ、となるでしょう。私は、これが本能衝動だと言い切りませんが、心理経済学的に見て、エロスを「まとまる」方向、タナトスを「ひろがり」の方向と考えています。その「ひろがり」の方向が、庇護されないときに、「ばらばら」な方へと社会が走ってしまうのです。ですから戦争や争いによって「ばらばら」になってしまう衝動を認めるなら、それらが起こす不安やその防衛が、人間の生活にはつきものであることが分かります。むしろ、そうした衝動の結果として生じる不安を防衛するために、理性が必要とされているという見方ができるのです。

人の意識は集まるとカリスマを求めて、それに依存的になりやすい。またそのカリスマが敵を想定して、もしその敵のせいで我々は苦しめられていると宣言すると、集団はますますその凝集性を高めていくのです。前章で指摘した通りです。ここでも「まとまり」と「ひろがり」が機能しています。さらに、そこで何か将来を期待させるような合併や合流を示唆する話をするなら、集団に対する帰属感はさらに高まることでしょう。さて、ここで語られていることは、カリスマのところに「ヒットラー」を入れて、敵のところに「ユダヤ」「反アーリア」と入れれば、ナチズムのドイツ全

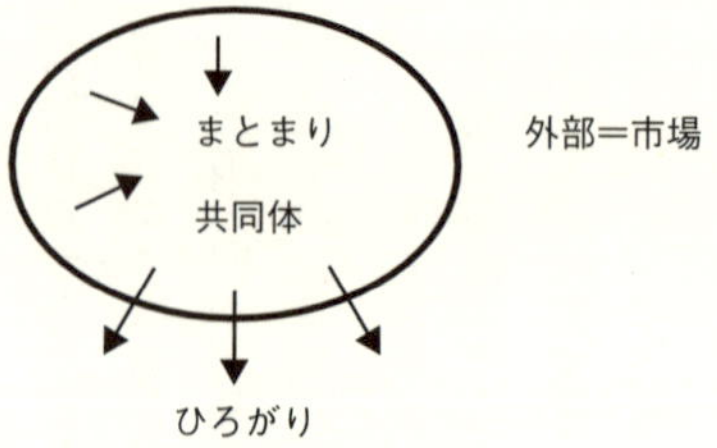

図 12　市場と共同体（国家）

体主義で起きたものになります。ナチズムを、E・フロムは「自由からの逃走」と呼んだのです(9)が、それは集団への絶対的な帰依、あるいは全体主義的な集団への過度の依存の結果、つまり「ひろがる」方向への挫折、悪循環の発生です。

心理経済学の視点から見れば、市場はつねに「ひろがる」方向を、共同体は「まとまる」方向を目指します（図12）。そしてそれらはしばしば齟齬を起こすのです。集団が社会制度を維持するのは、その凝集性のためですが、同時に自閉的になって引きこもるのは、そこに悪循環が起きて「ばらばら」になりやすくなっているからです。市場は共同体の外部へと人を誘うのですが、プレーヤーの脱落に関しては非情です。

フロイトの論考を逆から見れば、国際化の世界で、市場のもつ「ひろがり」に対して、どうやって「こころ」のまとまりを維持するか、いかに難しいかが分かります。人は「ひろがり」に対して悪循環を生じて「ばらばら」になりやすい、そうフロイトは言っているのです。情報化社会の中での国際協調の時代は、そうしたまとまり難い時代なのです。

7　日本のこれから

日本という事例を、心理経済学の視点から整理してきました。すでに推測したように、日本発の大恐慌というのは考えにくいと思います。ただ情報化社会の中での国際協調の非常に微妙なバランスを要求される環境の中で、日本が市場の急速な流れのために神経症的悪循環に陥る可能性は、たとえ豊かになったとしても、考えられます。事例の結論として、これからの日本が悪循環に陥る可能性について最後にコメントしたいと思います。

繰り返しになりますが、それは外部からやってきます。ですからその波に巻き込まれて、悪循環に陥らないような処方箋が必要です。悪循環に陥ってしまったら、これまでの主たるプレーヤーがコントロールできないような集団現象が一方向的に起きます。共同体の論理と、市場の速度、この場合、新しいテクノロジー社会が情報化を中心として「多くの利益」をもたらしてくれることに気がつく、その速度が重要です。

この「利益」は、消費心理の問題が密接に関わっています。ご存知のように、個人消費は経済の六〇パーセントを支えるもので、これが回復しないことには、内需拡大も何もない、経済そのものが回転しません。情報化産業の動向が、今後の景気を左右するのです。公共投資の本来の目的は、この新しい領域で消費を活性化することにあります。確かに、九六年の減税打ち切りと消費税のアップは、国の財政、多額の借金を考えれば当然のように見えても、それは昭和時代に井上蔵相がしたのと同じ対応、あまりに消費心理を無視した対応でした。九七年の日本リサーチの調べで、生活不安指数は九〇年から悪化の一途ですし、経済企画庁も、景気の先行きを左右する要因として、まず個人消費、消費マインドをあげています。それにも関わらず、減税打ち切りと消費税アップの対応がとられました。日本を支えてきた官僚たちは、長い間にわたって、官・業を成長させる専門家だったからです。

思い出していただきたいのですが、英米で起きているハイパー資本主義、カジノ資本主義は、「個人」プレーヤーが個々のリスクマネージメントにおいて多額のお金をもとに（ヘッジして）、さらに膨大なお金として動かすということです。コンピューターがあればこそできる世界です。金融ビッグバンというのは、その世界への直接開示に近いものです。こうしたグローバル経済が、国の社会保障と齟齬を起こすことは、以前から指摘されていますし、市場対国家（ヤーギン）の図式の通りです。でも、この方向はこれまでの日本で、庇護社会の利益、安心感の基盤であった庇護感覚を削ぎ落とすことになります。市場の速度が、共同体の安心を奪うことになるのです。

そもそも庇護社会に長い間つかってきた、私たち個人消費者は自分たちの庇護がまったく失われてしまった痛みの歴史があったことをもうとっくに忘れています。ここには世代交代と忘却という問題があります。人間は、反復しやすい、これは原則です。けれどももう一つの原則を言うなら、不快な記憶は忘れやすいのです。不況や悪循環を考える時には、だいたい六〇年から九〇年ぐらいで、世代の交代が進んで、以前の苦い体験を覚えている人がいなくなると考えられます。昭和初期は、幕末の混乱期を覚えている人たちがいなくなる時期でした。そして今回のバブルは、昭和恐慌を知らない世代たちが、金融業界の主たるプレーヤーです。ちなみに昭和恐慌は、第一世界大戦の特需がもたらしてくれた一次的なバブルで、大正の社会経済状況が一見好転したことが出発点になっています。日本が国債で借金しているにもかかわらず、財閥が一人勝ちするようなバブルとその崩壊が起きました。もちろん、その後、金解禁と恐慌という不幸な偶然があったにしろ、井上蔵相は行政改革と緊縮財政を、そして高橋蔵相は「日本のケインズ」と言われるように、公共投資と国債の発行を行って、右往左往して、どうにか微調整をしようとしましたが、そうした調整は最後まで上手くいきませんでした。このプロセスが、今日のバブル崩壊後と非常に似ていることは、高橋亀吉氏らの『昭和金融恐慌史』を読むと分かります(10)。

日本の国民は政治家がリーダーシップを取ってこなかった歴史には馴れていますが、厚生省や大蔵省の官僚たちが収賄や脱税などの間違った行為をし、しかも社会の舵取りを間違う歴史には馴れていません。バブル以降の官僚たちの犯罪、銀行だけを救うようにしか見えない金利の誘導、明確なルール作りのない規制緩和や金融市場の開放といった社会経済状況の悪化に伴って現れてきた「お上」の対応に、私たちはまだ今まで通りの対応（「お上」は正しい）をしてはいるものの、不信感は加速しているのです。

そして悪循環に陥るということは、こうした不信感が一方的に被害感に広がっていくことだろうと思います。不信感が被害感に変わって、議論が一方向的な方向に走り出す時が、悪循環にはまっている時です。「市場が悪い」「官僚が悪い」「政府が悪い」どれをとっても、悪循環の兆しです。市場の論理は消費者を保護しない、だから痛んでいるのは個人消費者だけだ、そうした被害感が広がることだけは避けなければいけません。

九七年に入って、自殺者が三万人を越えました。この数は、今までの統計から見ても普通のことではありません。不況倒産、失業率のアップが一番大きな理由でしょうが、いずれにしても今の日本は、精神保健という視点から見れば、非常に悪い状態にあります。「ひろがり」の意味を失って「ばらばら」になってしまう再帰現象が起きる可能性が高いのです。

お金の世界、金融の世界では大蔵省はもはやその権益を維持できているように見えませんし、学校では不登校や学級崩壊現象が、教育のシステムをなし崩しにしています。こうしたなし崩しで働いているのは再帰現象ですが、これが崩壊なのか、それとも発展なのかは今のところ微妙です。金融の世界では外資系から、円資産がなし崩し的に吸収されていますし、学校の世界では次から次へと子供たちの反乱が、自然な現象として起きているのです。私はこうした金融の世界、あるいは同じように学校の子どもたちで起きている現象を「ばらばら」なものと見なすよりも、より大きな「広がり」と見なす、そういう意味付けが重要だと思います。九九年度の経済白書が述べているように、新しい金融の世界は「リスクの管理」さえできれば「けっこう儲かる」世界なのです。また不登校も学級崩壊も、もし子どもたちが個別指導や方法論的個人主義を求めている集団の現象と見なせば、「ひろがり」の一部です。そういう枠組みから「こころ」を見直す作業こそが求められているのです。

注

(1) 鈴木政俊『経済予測』岩波新書、一九九五年。
(2) W・ビオン（一九七七年）『精神分析の方法（セブンサーバンツ）1（2は近刊）』福本修訳、法政大学出版局。
(3) 市井三郎『哲学的分析』岩波書店、一九六三年。
(4) 鈴木浩三『江戸の経済システム』日本経済新聞社、一九九五年。
(5) 妙木浩之『父親崩壊』新書館、一九九七年。
(6) フロイトについてはフロイト著作集を参照のこと。

（7）W・ライヒ（一九六〇年）『性と文化の革命』中尾ハジメ訳、勁草書房、一九七三年。
（8）メラニー・クラインについては、多くの解説書がでている。
（9）E・フロム（一九六〇年）『自由からの闘争』日高六郎訳、東京創元社、一九六五年。
（10）高橋亀吉ら『昭和金融恐慌史』清明会出版部、一九六八年、講談社学術文庫、一九九三年。

あとがき

本書は、今日の社会経済状況が生み出した「こころ」の新しい面に目を向けるために書かれました。「心理経済学」という名で私が命名した領域は、「こころ」が経済的であるという昔から人間のもっている心の一面に光を当てることと、現代の社会経済状況が生み出している「こころ」が経済的発想を要求していること、つまり新しい「心」のあり方に光を当てるという二つの側面から必要とされた領域でした。本書は主に後者に目を向けることにしました。第一章で扱った変動相場制と「こころ」、第二章で扱った心理戦争と「こころ」、あるいは第六章で扱った心理操作と「こころ」の問題はそうした意識から書かれています。

これからの日本に「こころ」の戦略がますます求められていることは確かです。一九九九年度の経済白書が提案していることですが、これからは国民皆がリスク・マネージメントの発想をもった「リスク社会」になっていくということだそうです。白書が正しいかどうか、やや疑問であるものの、これからの社会で「こころ」の新しい戦略が求められていることは確かです。もちろん、心が変われば消費が上向いて経済が良くなるという単純なことでもないし、ましてや古典的な経済学が考えているように、利己的な人間の心に対して物を作れば、レッセフェールでどうにかなるというわけでもありません。あるいはマネタリストたちが考えているように、お金の供給量だけの操作で経済が循環するという考え方も一面的だといえます。本書の第三章で呈示しているように新しい側面は、「もの」と「こころ」の関係の一側面なのです。現代は、政治が経済的に、経済が政治的になってきたと言われます。その通り。これは、私には「こころ」が「もの」ぬきでは考えられなくなり、「もの」は「こころ」ぬきでは考えられなくなった、その言い換えです。第四章で描いたように、これまでの経済学が前提にしてきた「こころ」だけでは、つじつまが合わなくなっているのです。もし白書の言うように、これからがリスク社会だとするなら、リスクを計算する「こころ」がどれほど現状とあっているのかどうか、その視点からもう一度見直す必要があるのです。

ジョージ・ソロスが慈善家になったのも、コスト面で東ヨーロッパの不安定さを計算したからです。「こころ」を計算して、「もの」について考え、「もの」について計算しながら、「こころ」について考えることが現代を生き残るための重要な戦略なのです。

本書の文体はできるだけ平易にしました。第三章でお話ししたように、心理経済学では言葉にすることも一種の経済とみなしていますから、誰が誰に対して、今何をどのように言っているのか。この視点をぬきにして「こころ」と「もの」の関係を考えることはできません。とすると、私が今ここで心理経済学について語っている、その語り方をどのようにして考えるのか、は本書を公刊する限りは無視して通れない問題だったので、この点については最後まで悩みました。「ですます」調にしたり、「である調」にしたり、また反対にしてみたりと。分かりやすいことは必ずしも良いことではありませんが、大切なことですから。また本書の中に登場する事例は「こころ」の悪循環について納得していただくために挙げましたが、彼らに関して、できるだけ全体の力動が理解できるように配慮をしながら、当人とは分からないように細部を変えました。

本書の出版を勧めてくれたのは、産業図書の江面さんでした。いつもいろいろなアドバイス、本当に感謝しています。一字一句見なおしてくれたのは編集の西川さんです。「言葉は一人で生まれない」は私の持論ですが、今回は心底そう思いました。ですから日頃から私に関わってくれている皆にこころから感謝したい気持ちです。どうもありがとう。

〈著者略歴〉

妙木《みょうき》　浩之《ひろゆき》

1982 年　上智大学文学部心理学科卒業
1987 年　上智大学大学院博士課程満期退学
1987 年　北山研究所勤務
1996 年　佐賀医科大学助教授
現在にいたる
専攻：臨床心理学・精神分析学
著編書：『父親崩壊』、『心理経済学のすすめ』、『夢の分析』他
訳書：A.フィリップス『精神分析というお仕事』、D.P.スペンス『フロイトのメタファー』他

こころと経済

2000 年 5 月 25 日　初　版

著　者　妙　木　浩　之
発行者　江　面　竹　彦
発行所　産業図書株式会社

東京都千代田区飯田橋 2-11-3
郵便番号　102-0072
電　話　東京 (3261) 7821 (代)
振替口座　00120-7-27724 番

ISBN4-7828-0132-7 C1011

壮光舎印刷・小高製本